GESTÃO DE CONTRATOS

INTERNOS, INTERNACIONAIS E ELETRÔNICOS

EDITORA AFILIADA

"O livro é a porta que se abre para a realização do homem."

Jair Lot Vieira

Luis Henrique Ventura

GESTÃO DE CONTRATOS

Internos, Internacionais e Eletrônicos

GESTÃO DE CONTRATOS
INTERNOS, INTERNACIONAIS E ELETRÔNICOS
Luis Henrique Ventura

© desta edição: Edipro Edições Profissionais Ltda. – CNPJ nº 47.640.982/0001-40

1ª Edição 2010

Editores: *Jair Lot Vieira e Maíra Lot Vieira Micales*
Produção Editorial: *Murilo Oliveira de Castro Coelho*
Editoração: *Alexandre Rudyard Benevides*
Revisão: *Ricardo Virando e Luana da Costa Araújo Coelho*
Arte: *Equipe Edipro*

Dados Internacionais de Catalogação na Publicação (CIP)
(Câmara Brasileira do Livro, SP, Brasil)

Ventura, Luis Henrique
Gestão de contratos : internos, internacionais e eletrônicos / Luis Henrique Ventura. -- Bauru, SP : EDIPRO, 2010.

ISBN 978-85-7283-692-0

1. Contratos 2. Contratos - Brasil 3. Contratos - Elaboração I. Título.

10-04503   CDU-347.44

Índices para catálogo sistemático:
1. Direito contratual 347.44

edições profissionais ltda.

São Paulo: Fone (11) 3107-4788 – Fax (11) 3107-0061
Bauru: Fone (14) 3234-4121 – Fax (14) 3234-4122
www.edipro.com.br

Ao meu filho
Flávio Henrique Silva Ventura,
que me enche de orgulho e alegria.

SUMÁRIO

APRESENTAÇÃO 13
PREFÁCIO 15
1. INTRODUÇÃO 19
   1.1. Importância dos Contratos na nossa Sociedade 19
   1.2. Tipologia dos Contratos 20
2. NOÇÕES BÁSICAS DE DIREITO CONTRATUAL 23
   2.1. Noções Gerais de Contratos 24
      2.1.1. O que é um contrato? 24
      2.1.2. Liberdade de contratar 25
      2.1.3. Mútuo Consentimento ou Acordo de Vontades 26
      2.1.4. Forma dos contratos 26
      2.1.5. A composição de um instrumento de contrato 26
      2.1.6. Condições de validade dos Contratos 27
      2.1.7. Quem figura em um contrato? 28
   2.2. Princípios Fundamentais do Direito Contratual 28
      2.2.1. Autonomia da Vontade 28
          2.2.1.1. Obrigação de contratar 28
      2.2.2. Supremacia da ordem pública 29
      2.2.3. Função Social do Contrato 29
      2.2.4. Consensualismo 29

2.2.5. Relatividade dos Contratos 30
2.2.6. Obrigatoriedade dos contratos ou princípio da força obrigatória 30
2.2.7. Revisão dos contratos ou princípio da onerosidade excessiva – Teoria da imprevisão 30
    2.2.7.1. Requisitos 31
    2.2.7.2. Dica 32
2.2.8. Probidade e boa-fé 32
2.2.9. Interpretação mais favorável ao aderente 32
2.3. Formação dos Contratos 33
    2.3.1. Proposta 33
    2.3.2. Aceitação 34
    2.3.3. Local de conclusão 34
    2.3.4. Contrato por instrumento público 34
2.4. Elementos dos Contratos 35
    2.4.1. Elementos Extrínsecos ou Pressupostos 35
        2.4.1.1. Partes capazes 35
        2.4.1.2. Objeto idôneo 35
        2.4.1.3. Legitimação 36
    2.4.2. Elementos intrínsecos ou requisitos 36
        2.4.2.1. Consentimento 36
        2.4.2.2. Objeto 36
        2.4.2.3. Forma 37
2.5. Extinção dos Contratos 37
    2.5.1. Forma normal 37
    2.5.2. Forma anormal 37
        2.5.2.1. Causas anteriores ou contemporâneas à formação do contrato 38
            2.5.2.1.1. Ineficácia 38

2.5.2.1.2. Condição resolutiva 38
2.5.2.1.3. Direito de arrependimento 38
2.5.2.2. Causas supervenientes à formação do contrato 38
2.5.2.2.1. Resolução 38
2.5.2.2.2. Resilição 39

3. REDAÇÃO DE CONTRATOS 41
   3.1. Terminologia dos Contratos 41
   3.2. Divisão do Instrumento de Contrato 42
      3.2.1. Título 42
      3.2.2. Qualificação das partes 43
      3.2.3. As Cláusulas 44
         3.2.3.1. A primeira cláusula do contrato 44
         3.2.3.2. A última cláusula do contrato 44
         3.2.3.3. Subcláusulas ou itens 45
         3.2.3.4. Cláusula de equilíbrio econômico-financeiro 45
      3.2.4. Aditamentos e anexos 46
      3.2.5. Garantias contratuais 46
         3.2.5.1. Garantias para contratos de prestação de serviços 46
   3.3. Observações Finais 47

4. OS "5 S" APLICADOS AOS CONTRATOS ESCRITOS 49
   4.1. *Seiri* (senso de utilização/organização) 49
   4.2. *Seiton* (senso de arrumação) 49
   4.3. *Seisou* (senso de limpeza) 51
   4.4. *Seiketsu* (senso de padronização) 51
   4.5. *Shitsuke* (senso de disciplina) 51

5. ANÁLISE DE CONTRATOS 53
   5.1. Prevenindo Problemas ao Analisar um Contrato 53

6. CONTRATOS INTERNACIONAIS 55
   6.1. Conceito e Particularidades dos Contratos Internacionais 55
      6.1.1. Alcance 57
      6.1.2. Submissão 57
      6.1.3. Arbitragem 57
      6.1.4. Idioma 58
      6.1.5. Lei aplicável (*Lex Voluntatis*) 58
      6.1.6. Jurisdição e Foro Competentes 58
      6.1.7. Registro 59
      6.1.8. Manifestação da vontade 59
      6.1.9. Quadro comparativo 59
   6.2. Prévias Soluções de Possíveis Conflitos 60
      6.2.1. Idioma 60
      6.2.2. Jurisdição, foro e lei aplicável 61
      6.2.3. Assinaturas de testemunhas em contratos internacionais 61

7. ARBITRAGEM 63
   7.1. Características da Arbitragem 63
   7.2. Modelo de Cláusula Compromissória de Arbitragem 64

8. TRADUÇÃO DE CONTRATOS INTERNACIONAIS 65
   8.1. Competências de um Tradutor 65
   8.2. Problemas Enfrentados por um Tradutor 66
   8.3. Riscos de uma Tradução Inadequada 67

9. CONTRATOS POR MEIO ELETRÔNICO 71
   9.1. Princípios Fundamentais 71
      9.1.1. Identificação 71
      9.1.2. Autenticação 72
      9.1.3. Impedimento de rejeição 72

9.1.4. Verificação 72
9.1.5. Privacidade 72
9.2. Condições de Validade 72
9.2.1. Partes capazes 73
9.2.2. Objeto lícito 73
9.2.3. Forma 73
9.3. Formação dos Contratos Eletrônicos 74
9.4. Os Contratos Eletrônicos como Títulos Executivos Extrajudiciais 75
9.5. A Obrigatoriedade dos Contratos *Clickwrap* 75
10. SEGURANÇA JURÍDICA NA INTERNET 77
10.1. Principais Preocupações 77
10.2. Problemas e Soluções 78
10.3. Protegendo Informações e Obras 79
10.4. Análise Jurídica de *Web Sites* 83
10.5. Conclusões 83
11. APÊNDICE 85
11.1. Prevenindo Problemas ao Elaborar e Assinar um Contrato 85
11.2. Modelo de *Check List* para Análise de Contrato 86
11.3. Os Contratos no Código Civil Brasileiro 87
11.4. Os Contratos no Código de Defesa do Consumidor 92
11.5. Os Contratos na Convenção de Direito Internacional Privado – Código de Bustamante 100
BIBLIOGRAFIA 111

APRESENTAÇÃO

Este livro é indicado não só a advogados e estudantes de Direito, mas também a administradores e gestores de empresas, que trabalham no seu dia a dia com negociação, elaboração e análise de contratos, sejam estes internos, internacionais ou eletrônicos.

Ele é fruto de minha experiência, de mais de quinze anos, em elaboração e análise de contratos.

A primeira vez que fui contratado para elaborar um contrato, de promessa de compra e venda de imóvel, foi em 1991, quando eu era proprietário de um escritório de advocacia.

Em 1994, fui contratado pela empresa Algar S.A. Empreendimentos e Participações, holding do Grupo Algar, na cidade de Uberlândia/MG, para trabalhar com contratos. Em 1997, fui transferido para outra empresa do mesmo grupo empresarial (Lightel S.A.), para trabalhar também com contratos internacionais. Este Grupo Empresarial, ao qual sou muitíssimo grato, foi meu grande laboratório, no qual pude colocar em prática toda a teoria aprendida na Universidade Federal de Uberlândia, bem como nos livros e cursos da área. Além disso, o Grupo patrocinou a publicação de meu primeiro livro (Noções Básicas de Contratos).

Depois fui trabalhar em um grande escritório de São Paulo (Felsberg e Associados), onde trabalhei com Direito das Telecomunicações, Direito Eletrônico e Internet, contratos internos e internacionais. Naquela ocasião, tive a oportunidade de frequentar o curso de mestrado em Direito das Relações Econômicas Internacionais na PUC/SP e de proferir palestras em diversos eventos, inclusive internacionais, até mesmo na OEA – Organização dos Estados Americanos, em Washington/EUA.

Posteriormente, voltei para Uberlândia e fui gerente jurídico de um grande atacadista distribuidor (Peixoto Comércio, Indústria, Serviços e Transportes Ltda.), onde também trabalhei com análise e elaboração de contratos, internos, internacionais e eletrônicos.

Neste período escrevi dois livros: 1) Comércio e Contratos Eletrônicos e 2) Contratos Internacionais Empresariais.

Mais recentemente, trabalhei com análise e elaboração de contratos em escritórios de advocacia e na empresa Policard Systems e Serviços S.A., onde fui superintendente jurídico e concluí o curso de mestrado em linguística da Universidade Federal de Uberlândia, tendo desenvolvido pesquisa sobre a terminologia jurídica bilíngue dos contratos.

Durante essa trajetória, fui professor universitário e consultor da empresa Moraes Cursos e Representações, quando, por aproximadamente três anos, ministrei cursos sobre gestão de contratos em várias cidades do estado de São Paulo, utilizando como material didático uma apostila por mim elaborada.

Agora, com o intuito de divulgar dicas práticas sobre gestão, análise e elaboração de contratos, sejam internos, internacionais ou eletrônicos, compilei as principais informações contidas naquelas obras já publicadas, além de outras, de forma simples e didática, na esperança de, no mínimo, despertar a curiosidade do leitor para as minúcias deste instituto tão antigo e tão complexo, ao qual tenho dedicado toda minha vida profissional: o contrato.

Uberlândia, janeiro de 2010

Luis Henrique Pontes Ventura

PREFÁCIO

Apresenta-nos o Dr. Luis Henrique Pontes Ventura mais uma obra, dentro de sua especialidade, que enriquece a literatura jurídica no campo da elaboração, da estrutura e da técnica dos contratos, basicamente numa sequência da linha de produção que iniciou e avançou em seus livros anteriores, e que são os seguintes: 'Noções Básicas de Contratos', 'Comércio e Contratos Eletrônicos – Aspectos Jurídicos', 'Lei de Introdução ao Código Civil – Perguntas e Respostas', 'Contratos Internacionais Empresariais – Teoria e Prática', 'Manual de Direito Eletrônico e Internet'.

Desde o começo da profissão, já no distante ano de 1991, entrou na atividade da elaboração e estudo dos contratos, atuando em várias empresas, em escritórios de advocacia, no magistério superior, na administração de palestras dentro e fora do Brasil, e em especial em organismos internacionais, com o que adquiriu sólida experiência e profundo conhecimento. Possui o autor vasta formação jurídica e humanista, com especialização em Direito Processual Civil, sendo mestre em Linguística e ex-mestrando em Direito das Relações Econômicas Internacionais. No entanto, a atuação prática, sempre no ramo de contratos, é que lhe dá cátedra na disseminação de seu conhecimento em obras que têm se revelado úteis e necessárias para todos quantos, no dia a dia, travam a mais variada gama de relações sobre bens e serviços.

Numa primeira parte, desenvolve-se o estudo dos conceitos básicos, dos princípios fundamentais, da revisão, da formação, dos requisitos ou elementos e da extinção dos contratos. Naturalmente, é necessária uma visão da constituição ou formação, com vistas à elaboração ou redação perfeita e completa, em consonância com o ordenamento jurídico, em respeito ou sintonia com a vontade das partes e as diretrizes de direito que regem a liberdade, a supremacia da ordem pública, a função social e a constitucionalidade. Daí a necessidade de conhecimentos jurídicos, no que soube o autor bem apresentar as noções que se revelam necessárias para a confecção, e que são pressupostos para a perfeita validade, mesmo nas formas mais singelas e comuns ou rudimentares de negociações, que ocorrem nas relações comerciais do dia a dia.

Em momento seguinte, que pode ser considerado como mais prático, traz o autor valiosos ensinamentos e modelos sobre a elaboração dos contratos, no que havia uma carência na literatura jurídica, merecendo destaque ilustrativo as etapas do instrumento, que consistem no título, no preâmbulo, no contexto e no encerramento, vindo tudo devidamente explicado e exemplificado. Merece realce a necessidade da inclusão de cláusula de reajuste econômico e financeiro nos contratos de longa duração com pagamentos periódicos. Também merecem referência as orientações na composição, com a observância de vários cuidados, e que se revelam no senso de limpeza, de arrumação, de utilização/organização, de padronização e de disciplina.

Parte, adiante, para a apresentação de alguns tipos de contratos. Desenvolve-se o chamado 'contrato internacional', feito entre partes que se encontram em países diferentes, e tendo a extraterritorialidade como característica, incidindo mais de uma legislação. Vários os pontos destacados, trazendo questões nem sempre conhecidas e particularidades específicas, como sobre o idioma (podendo ser redigido em mais de um idioma), a lei aplicável (a do lugar em que residir o proponente, facultando-se, no entanto, a eleição de uma legislação diferente), a jurisdição e foro competentes (prevalece a autoridade judiciária brasileira, quando for o réu domiciliado no Brasil ou aqui tiver de ser cumprida a obrigação, mas com a liberdade em optarem as partes por outra jurisdição)", e o Registro (no Consulado e no Cartório de Títulos e Documentos).

Um assunto que merece a atenção, e que bem revela a especialidade do escritor, está no contrato por meio eletrônico, cuja abordagem enfrenta as várias controvérsias e dúvidas que naturalmente aparecem com o surgimento de institutos novos. Exemplificando, quanto à indagação relacionada ao fato de sua celebração entre presentes ou entre ausentes. Em primeiro lugar, fez-se necessário definir a natureza jurídica da Internet. Entendendo que a Internet é um meio, a proposta e a aceitação seriam realizadas em lugares diversos. Neste caso, o contrato deveria ser considerado celebrado entre ausentes. Arremata: "Este último caso parece ser a tendência, devendo-se fazerem valer, portanto, as regras e teorias que melhor se adequem, até porque a Internet é um meio e não um lugar". Questões igualmente 'novas', e que ainda se consideram em formação, dizem respeito aos Contratos Eletrônicos como Títulos Executivos Extrajudiciais, e à Obrigatoriedade dos Contratos *Clickwrap*, considerada esta última expressão significar o contrato de adesão, escrito em um *site*, onde o leitor expressa a aceitação de seus termos apenas com um *click* de *mouse*.

Não pode ficar sem menção o capítulo relativo à segurança jurídica na Internet, questão objeto de estudos, sendo apontadas várias soluções pelo autor.

Na verdade, é difícil apontar algumas matérias, já que todas revelam pertinência à atualidade do direito. De qualquer modo, para o leitor sempre existem assuntos que mais tocam às suas necessidades ou carências.

Tem-se, pois, uma verdadeira 'gestão de contratos', que se desenvolve em duas dimensões: o aspecto metódico, didático, ontológico e dogmático do direito, o que é comum em todas as obras técnicas e científicas; e o lado dinâmico de alguns contratos, que reflete as tendências determinadas pelo constante desenvolvimento social e econômico, a realidade fática das relações que surgem, as novas concepções de valores e avanços tecnológicos, exigindo a formação de institutos adaptados e apropriados para o aperfeiçoamento do direito.

No mais, não pode ficar sem menção a capacidade do autor em bem expor os assuntos, com a facilidade de quem domina a ciência e a simplicidade necessárias para que todos entendam os institutos abordados.

Porto Alegre, novembro de 2009

Arnaldo Rizzardo
Autor de várias obras jurídicas e Advogado
Desembargador aposentado
Membro da Academia Brasileira de Direito Civil
Foi professor da Escola Superior da Magistratura do RGS – AJURIS, e do Instituto dos Advogados do Rio Grande do Sul – IARGS.

1
INTRODUÇÃO

1.1. IMPORTÂNCIA DOS CONTRATOS NA NOSSA SOCIEDADE

O contrato é um instituto jurídico de importância tão ímpar na vida dos seres humanos que raros são os dias em que vivemos sem celebrar pelo menos um contrato, seja na padaria, ao adquirirmos o pão nosso de cada dia, quando celebramos um contrato verbal de compra e venda; seja nos contratos de doação que estabelecemos ao entregarmos uma esmola a um desconhecido; seja ao aceitarmos a prestação de serviços de guarda de carros, ao estacionarmos nosso veículo próximo a um flanelinha; seja no táxi ou no ônibus, ao celebrarmos um contrato de transporte, etc. Theodoro Júnior *apud* Orlando Gomes[1] demonstra, de forma clara e objetiva, a importância do contrato em nossa sociedade. Vejamos:

> *Tão velho como a sociedade humana e tão necessário como a própria lei, o contrato se confunde com as origens do Direito.*
>
> *Superado o estágio primitivo da barbárie, em que os bens da vida eram apropriados pela força ou violência, e implantada a convivência pacífica em face dos bens utilizáveis na sobrevivência e desenvolvimento do homem, o contrato se fez presente, de maneira intensa, nas relações intersubjetivas como projeção natural da vontade e do consenso. E quando mais se ampliaram os grupamentos civilizados e mais volumosos se tornaram os negócios de circulação de riquezas, mais constante e decisivo se mostrou o recurso ao contrato, em todos os níveis da sociedade.*

---

1. GOMES, Orlando. *Contratos*. Rio de Janeiro: Forense, 1999.

Hoje, pode-se dizer que nenhum cidadão consegue sobreviver no meio social sem praticar diariamente uma série de contratos.

Enfim, mesmo sem nos darmos conta disso, sempre estamos celebrando contratos. Logo, não há como negar a influência que os contratos realizam em nossas vidas e a interdependência que existe entre o contrato e a sociedade.

Com o surgimento da telefonia e, mais recentemente, da Internet, popularizaram-se os chamados contratos eletrônicos, que possuem particularidades ainda pouco estudadas pelos especialistas. O advento da Internet e da globalização dos interesses comerciais popularizam também o contrato internacional. Atualmente, a celebração de contratos internacionais não faz parte apenas da realidade das grandes corporações, mas a possibilidade de celebrá-los está ao alcance de qualquer cidadão que fale outro idioma e que tenha acesso à Internet. Logo, o estudo destes negócios jurídicos é de fundamental importância.

1.2. TIPOLOGIA DOS CONTRATOS

Vale a pena abrir um parêntese para comentar acerca da tipologia dos contratos. Note-se que gêneros de textos são a divisão de um tipo textual ou de um subtipo textual, se o tipo assim se subdividir previamente. Conforme explica Travaglia,[2] da mesma forma que o tipo, o gênero também pode se subdividir em subtipo (mais apropriadamente, conforme nossa opinião pessoal, em subgênero). Estes, por sua vez, podem se subdividir em espécies. Portanto, os tipos se dividem em gêneros, que se dividem em espécies. Porém, tanto os tipos quanto os gêneros podem se subdividir em subtipos ou subgêneros, respectivamente.

O contrato é um gênero textual próprio que, por sua vez possui, inclusive, sua terminologia própria. Ele possui uma função sóciocomunicativa, que é estabelecida entre os contratantes. Por exemplo, ele gera direitos e obrigações para as partes. Trata-se de um gênero de tipo predominantemente injuntivo, que se subdivide em subgêne-

---

2. TRAVAGLIA, Luiz Carlos. "Gêneros de texto definidos por atos de fala". *In* ZANDWAIS, Ana (Org.). *Relações entre Pragmática e Enunciação*. Porto Alegre: Sagra Luzzato, 2002, p. 129/153.

ros e em espécies. Além disso, o contrato pode ser classificado de várias formas. Desta forma, o gênero contrato, pode ser subdividido em subtipos (ou, mais apropriadamente, na nossa visão, em subgêneros). Estes subgêneros, por sua vez, subdividem-se em espécies.

Assim, os contratos podem ser classificados, por exemplo em gratuitos e onerosos. Os gratuitos seriam aqueles em que o acordo não pressupõe onerosidade para nenhuma das partes. Já os onerosos pressupõem um ônus. Tanto os contratos onerosos quanto os gratuitos se subdividem em diversas espécies. Como exemplo de contrato oneroso, pode ser citada a locação e como exemplo de contrato gratuito pode ser citada a doação.

Ocorre que algumas espécies de contratos também podem se subdividir, gerando, assim, as subespécies. O contrato de troca, por exemplo, pode ser (i) uma permuta, se os bens trocados entre si forem coisas; (ii) uma compra e venda, se há troca de uma coisa por dinheiro; ou (iii) um câmbio, se os bens trocados forem dinheiro (v.g. dólares por reais).

Esta situação é ilustrada conforme o seguinte organograma:

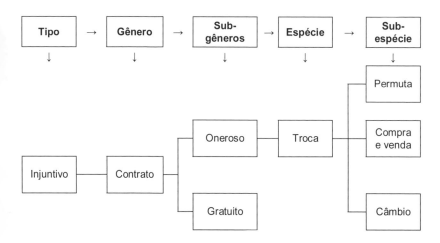

É de se concluir que o contrato é um gênero textual do tipo predominantemente injuntivo, que se subdivide em diversos subgêneros, tais como os gratuitos e onerosos, que, por sua vez, se subdividem em espécies (v.g. a troca), que, finalmente, se subdividem em subespécies, tais como a permuta, a compra e venda e o câmbio. Uma destas subdivisões clássicas é a que bifurca os contratos em internos e internacionais.

Repare que no exemplo apresentado, a compra e venda é caracterizada como sub-espécie da espécie troca. Esta é uma opinião do autor. Tradicionalmente a permuta é considerada um sinônimo de troca e o câmbio ora é considerado como uma permuta (de moeda por moeda), ora é considerado uma compra e venda (de moeda). Entretanto, o autor entende que a própria compra e venda é uma troca, de coisa por dinheiro. Assim, a troca de coisa por coisa é que é a permuta; a troca de coisa por dinheiro é a compra e venda; e a troca de dinheiro por dinheiro é o câmbio.

2
Noções Básicas de Direito Contratual

A disciplina jurídica que estuda os contratos, denominada "Direito Contratual", é um ramo do Direito Civil, que por sua vez é uma das subdivisões didáticas do Direito. Já a disciplina que estuda os contratos internacionais, é um ramo do Direito Internacional.

O organograma a seguir demonstra de forma simples a árvore de família à qual pertence o Direito Contratual:

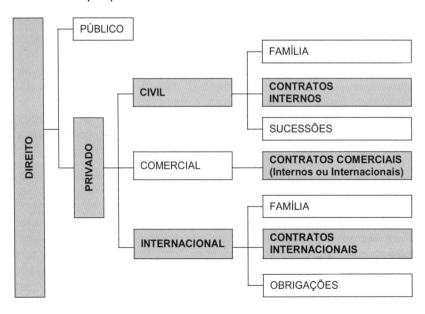

É de se observar, que o Direito se divide em Público e Privado. Sob a denominação de Direito Público, encontram-se as disciplinas que tratam diretamente de interesses de pessoas jurídicas de direito público (União, Estados, Municípios, etc.), como por exemplo o Direito Constitucional, o Direito Administrativo e o Direito Tributário. Sob a denominação de Direito Privado, encontra-se as disciplinas que tratam diretamente de interesses de pessoas físicas (ou naturais), como por exemplo o Direito Comercial, o Direito Civil, o Direito Agrário e o Direito Internacional Privado.

O Direito Civil se divide em várias áreas, tais como Direito das Obrigações, Direito de Família, Direito das Sucessões, Direito das Coisas e Direito Contratual (Contratos Internos). Já o Direito Internacional se divide em várias áreas, tais como Direito das Obrigações, Direito de Família e Direito Contratual (Contratos Internacionais).

Os contratos comerciais, por sua vez, podem ser internos ou internacionais.

2.1. NOÇÕES GERAIS DE CONTRATOS

2.1.1. O que é um contrato?

Contrato é um negócio jurídico bilateral, ou plurilateral. É um pressuposto de fato do nascimento de relações jurídicas, uma das principais, senão a mais importante, fonte ou causa geradora das obrigações, o título de criação de nova realidade jurídica, constituída por direitos, faculdades, pretensões, deveres e obrigações, ônus e encargos.

Contrato é o acordo de vontades (opostas) que tem por fim criar, modificar ou extinguir direitos e obrigações. Digo vontades opostas porque se as vontades das partes contratantes forem coincidentes ou idênticas, caracteriza-se não um contrato, mas sim um convênio. Para exemplificar, podemos pensar na compra e venda, onde há uma pessoa querendo comprar e outra querendo vender. É de se notar que as vontades são perfeitamente opostas. Logo, há aqui um contrato, de compra e venda. Já no convênio, as vontades são coincidentes.

Por exemplo, uma parte quer vender e a outra também quer vender. Ambas, então, firmam um convênio para que ambas possam, conjuntamente, vender seus respectivos produtos a compradores afins. O *contrato* também não se confunde com seu *instrumento*. O instrumento do contrato é o meio pelo qual ele se materializa. O instrumento pode ser um papel, uma escritura pública, uma mídia eletrônica de gravação, etc. No entanto, há contratos que, apesar de não serem instrumentalizados, também são válidos. Estes são tradicionalmente chamados de contratos verbais, realizados de forma exclusivamente oral. Porém, duas pessoas surdas-mudas, por exemplo, também podem celebrar um contrato sem, conduto, pronunciar uma só palavra, apenas se comportando de maneira inteligível. Uma pode entregar ou oferecer uma coisa (*v.g.* uma bala) à outra que, por sua vez, simplesmente aceita e utiliza ou consome. O importante é que a manifestação de vontade das partes seja inequívoca, para que um contrato seja considerado como válido, excetuando-se os casos em que a lei prevê uma forma obrigatória, tal como o contrato de compra e venda de imóvel que tem que ser celebrado por escritura pública.

2.1.2. Liberdade de contratar

Tendo nossa Constituição adotado o padrão do Estado democrático de Direito (art. 1º) e esposado a ideologia da livre iniciativa, como base da ordem econômica (art. 170), fundamental continua sendo o instituto do contrato na sociedade brasileira, pois nada mais exprime a ideia de livre iniciativa do que a liberdade de contratar, liberdade essa que de maneira alguma se confunde com os abusos desse direito nem impede a intervenção moderada do Estado na fixação de parâmetros de ordem pública que as partes não devam ultrapassar, em respeito aos anseios do bem comum.

A liberdade de contratar implica na liberdade de celebrar contrato, na liberdade de escolher o outro contratante e na liberdade de determinar o conteúdo do contrato.

Os limites tradicionais da autonomia privada são a ordem pública e os bons costumes, mas o seu exercício é também restringido pelo expediente da tipicidade dos negócios jurídicos e da determinação legal de todos os efeitos de um negócio típico.

2.1.3. Mútuo consentimento ou acordo de vontades

O mútuo consentimento tem que ser livre e espontâneo. A manifestação de vontade nos contratos pode ser tácita toda vez que a lei não exigir que seja expressa.[3] Quando se fala em manifestação expressa não quer dizer que seja escrita. **O que importa é a manifestação inequívoca da sua vontade.**

Quando não existe a manifestação expressa, mas a pessoa se comporta de maneira que conduz a uma aceitação, esta será tácita. O silêncio nem sempre é manifestação de vontade. Somente quando a lei assim o declara ou quando resulta de acordo entre as partes ou, ainda, de alguma praxe comercial. Exemplo: doação pura e simples.

2.1.4. Forma dos contratos

A regra é a liberdade de forma. Mas, às vezes, a lei exige uma determinada forma para a validade dos contratos. Como por exemplo, o contrato de compra e venda de imóvel deve ser realizado por escritura pública. Quando a forma é indispensável para a validade do ato, trata-se de forma *ad solemnitatem*.

Muitas vezes uma forma especial (como a escrita) é adotada só para facilitar a prova. O ato é válido, independentemente de forma, mas a sua forma facilita a prova. Esta é a forma *ad probationem*. Neste caso, a forma não é condição de validade do contrato.

2.1.5. A composição de um instrumento de contrato

O contrato não se confunde com seu instrumento, que se compõe, essencialmente, de duas partes: o preâmbulo e o contexto. No **preâmbulo** procede-se à qualidade das partes, declara-se o objeto do contrato e, de regra, se enunciam as razões determinantes de sua realização ou objetivo que os contratantes têm em mira. O **contexto**

---

3. No capítulo 5 fica demonstrado que a manifestação da vontade nos contratos internacionais deve ser sempre expressa.

de um contrato, quando escrito, compõe-se de uma série ordenada de disposições, contendo direitos e obrigações, que se chamam cláusulas.

Nos contratos solenizados em escritura pública ou celebrados por instrumento particular impresso, são habituais algumas proposições invariáveis chamadas *cláusulas de estilo*. A validade dessas cláusulas depende de expressa menção, ou de confirmação.

> *Posto não seja obrigatória a observância de fórmulas sacramentais, o uso de expressões consagradas é aconselhável para traduzir com mais segurança a intenção das partes. A existência dessas fórmulas, de emprego frequente, possibilita análise mais objetiva do aspecto externo dos contratos.*[4]

Se bem que não estejam compreendidos no instrumento do contrato, integram seu conteúdo os *documentos complementares*, como ocorre, por exemplo, no contrato de empreitada para a construção de um edifício, no qual estipulam as partes que as especificações do material a ser empregado na obra constem de escrito anexo (*v.g.* memorial descritivo). A fim de que esses documentos se tornem parte integrante do contrato, é preciso que a eles se faça menção e que sejam autenticados pelos contratantes.

Para a validade do instrumento, devem as partes assiná-lo, depois de o datar, exigindo-se também que seja subscrito por duas testemunhas e transcrito no registro público de títulos e documentos, para que seus efeitos se operem a respeito de terceiro.

2.1.6. Condições de validade dos contratos

Como negócio jurídico que é o contrato deve satisfazer certas condições que dizem respeito ao seu objeto, à sua forma e às suas partes. Estas condições de validade são: (i) partes capazes; (ii) objeto lícito; (iii) forma prescrita ou não defesa em lei. Além destas, que são as chamadas condições gerais de validade dos contratos, existe ainda o (iv) **acordo de vontades**, que é a chamada condição específica.

---

4. GOMES, Orlando. *Contratos*. Rio de Janeiro: Forense, 1999.

2.1.7. Quem figura em um contrato?

Os sujeitos da relação contratual chamam-se **partes**, que, conforme já foi dito, devem ser capazes.

A declaração de quem tem a iniciativa do contrato chama-se proposta, oferta, oblação ou policitação. A do outro é a aceitação. Quem faz a oferta é o **proponente** ou policitante. Quem a aceita, oblato ou **aceitante**.

2.2. PRINCÍPIOS FUNDAMENTAIS DO DIREITO CONTRATUAL

2.2.1. Autonomia da vontade

Autonomia da vontade significa **liberdade de contratar**, abrangendo a liberdade de contratar quando a pessoa quiser, com quem quiser e sobre o que quiser.

As partes podem contratar sem se submeter a qualquer interferência do Poder Público, desde que respeitem a ordem pública, os bons costumes e a função social do contrato.

2.2.1.1. Obrigação de contratar

Excepcionalmente, há casos em que a lei obriga a parte a contratar. Conforme nos explica Orlando Gomes:[5]

> Tais exceções ocorrem quando o indivíduo: a) tem de aceitar, sem alternativa, uma proposta ou oferta de contrato; b) tem de concorrer para a formação de um vínculo contratual. Nessas duas situações, diz-se que há obrigação de contratar. Têm-na: a) os que encarregam da prestação dos serviços públicos, ou dos serviços de assistência vital, também chamados de primeira necessidade; b) os que exercem atividade econômica em caráter de monopólio.

---

5. GOMES, Orlando. *Contratos*. Rio de Janeiro: Forense, 1999.

2.2.2. Supremacia da ordem pública

Não anula totalmente o princípio da autonomia da vontade. Apenas admite que o Estado regule certas relações jurídicas para proteger determinadas situações de pessoas mais necessitadas.

Em qualquer regime contratual são indispensáveis normas irrevogáveis pela vontade das partes. É por isso que se diz que "entre o forte e o fraco é a liberdade que escraviza e a lei que liberta".[6]

2.2.3. Função social do contrato

A função social do contrato é um princípio que limita o princípio da autonomia da vontade ou da liberdade de contratar.

O dinheiro move a sociedade e, a despeito dos contratos gratuitos, o contrato é um instituto jurídico que possibilita a circulação da riqueza dentro de nossa sociedade. No entanto, o contrato não pode ser um instituto de abuso do poder econômico.

O interesse social é maior e mais importante que o interesse do particular. Assim, o interesse privado não pode ferir o interesse social.

2.2.4. Consensualismo

O aperfeiçoamento de um contrato se dá apenas com o acordo de vontades, independentemente da entrega da coisa, de formalismos e simbolismos.

Em alguns casos, no entanto, a nossa lei exige para o aperfeiçoamento do contrato, além do acordo de vontades, a **entrega imediata da coisa**. Nestes casos os contratos são chamados de reais.

Os contratos reais são: o depósito, o comodato, o mútuo, a doação manual, e o penhor tradicional.

---

6. *Idem.*

2.2.5. Relatividade dos contratos

Este princípio refere-se à eficácia dos contratos. O contrato só produz efeitos entre as próprias partes.

Em regra, não é possível criar, mediante contrato, direitos e obrigações para outrem, mas este princípio não é absoluto, admitindo o nosso Código estipulações em favor de terceiro. Este contrato é *sui generis*. Por exemplo: seguro de vida.

Na estipulação em favor de terceiros há três personagens: (i) estipulante (o que faz o seguro); (ii) promitente (a seguradora); (iii) beneficiário (quem recebe).

Não é obrigatória a participação do beneficiário. Por isso o estipulante pode substituí-lo. Quando o negócio exigir a participação do terceiro ele não poderá ser substituído e a estipulação não poderá ser alterada sem sua participação.

2.2.6. Obrigatoriedade dos contratos ou Princípio da Força Obrigatória

Pacta sunt servanda (os pactos devem ser cumpridos). O fundamento é a necessidade de segurança nos negócios.

Aquilo que as partes contrataram é de seu exclusivo interesse, não podendo qualquer dos contratantes recorrer ao Poder Judiciário para modificar os termos do contrato. O contrato pode ser anulado, mas jamais modificado pelo juiz. O conteúdo do contrato é intangível.

O contrato faz lei entre as partes. Este também não é mais um princípio absoluto, sendo este seu caráter mitigado pelos princípios da revisão dos contratos, função social, probidade e boa-fé contratuais.

2.2.7. Revisão dos contratos ou Princípio da Onerosidade Excessiva – Teoria da Imprevisão

Os contratos devem ser cumpridos, mas diante de circunstâncias excepcionais é admissível a revisão do contrato. Se a situação de fato na época do cumprimento do contrato não for a mesma de quando da avença, em decorrência de circunstâncias extraordinárias, o contratante excessivamente onerado pode recorrer ao Poder Judiciário para se ver liberado.

> *Quando acontecimentos extraordinários determinam radical alteração no estado de fato contemporâneo à celebração do contrato, acarretando consequências imprevisíveis, das quais decorre excessiva onerosidade no cumprimento da obrigação, o vínculo contratual pode ser resolvido ou, a requerimento do prejudicado, o juiz altera o conteúdo do contrato, restaurando o equilíbrio desfeito.*[7]

De certa forma este princípio abre exceção ao princípio da obrigatoriedade dos contratos.

A cláusula *rebus sic stantibus* (se as coisas assim permanecerem), baseada na *teoria da imprevisão*, figura implícita em todos os contratos, mas sua aplicação deve ser cautelosa.

Neste sentido, em nota à obra de Orlando Gomes, explica Humberto Theodoro Júnior que:

> *Nossa jurisprudência, de forma dominante, tem reconhecido a aplicabilidade da teoria da imprevisão para abrandar, em casos excepcionais, o absolutismo do princípio da força obrigatória dos contratos. Mas, esse posicionamento dos tribunais brasileiros destaca sempre o caráter excepcional da teoria da imprevisão que somente pode afastar o princípio a força obrigatória do contrato em cessações de extrema gravidade, que possam colocar o devedor em situação ruinosa que não previu, nem podia prever ao tempo da pactuação do negócio jurídico.*[8]

2.2.7.1. Requisitos

"Para que se possa, sob fundamento da teoria da imprevisão, corrigir o contrato, é necessário que ocorram requisitos de apuração certa:

a) vigência de um contrato de execução diferida ou sucessiva;

b) alteração radical das condições econômicas objetivas no momento da execução, em confronto com o ambiente objetivo no da celebração;

---

7. GOMES, Orlando. *Contratos*. Rio de Janeiro: Forense, 1999
8. *Idem*.

c) onerosidade excessiva para um dos contratantes e benefício exagerado para o outro;
d) imprevisibilidade daquela modificação."[9]

2.2.7.2. Dica

Esta teoria (da imprevisão) deve ser utilizada antes do vencimento da obrigação e não depois do vencimento e execução. Não é matéria de defesa em execução, mas matéria que deve ser alegada em ação própria, antes do vencimento.

2.2.8. Probidade e boa-fé

Probidade significa honestidade. Logo, presume-se que as partes contratantes sejam honestas. Portanto, um contrato não pode ser utilizado para fins desonestos ou ilícitos. Este princípio caminha lado a lado com o princípio da boa-fé.

A boa-fé aqui definida possui duplo significado. Primeiramente, presume-se que as partes procedem com lealdade e confiança recíprocas (boa-fé), devendo fazer prova aquele que alega a má-fé do outro. Em segundo lugar, entende-se que a intenção das partes deve prevalecer sobre o que foi literalmente declarado. Daí a importância das testemunhas.

Por isso, nas declarações de vontade se atenderá mais à sua intenção que ao sentido literal da linguagem (art. 112 do Código Civil).

2.2.9. Interpretação mais favorável ao aderente

Nos contratos de adesão, as cláusulas ambíguas ou contraditórias são interpretadas mais favoravelmente ao aderente, que é a pessoa que vai aderir ou aceitar os termos e condições de um contrato já pronto, sem direito de as discutir (art. 424 do Código Civil).

---

9. FONSECA, Arnoldo Medeiros da. *Caso Fortuito e Teoria da Imprevisão*. 2ª. ed., Rio de Janeiro: Imprensa Nacional, 1943.

2.3. FORMAÇÃO DOS CONTRATOS

Os contratos se originam de dois atos ou manifestações de vontade: a **proposta** e a **aceitação**.

2.3.1. Proposta

A proposta, que se exige aos termos fundamentais do contrato, obriga o proponente. Se houver desistência ele responderá por perdas e danos.

A proposta também é chamada de oblação ou policitação. Por este motivo, o proponente é chamado de policitante e o aceitante de oblato.

A proposta tem que ser séria. Além disso, ela será obrigatória, exceto:

a) se o contrário não resultar dos próprios termos da proposta. Exemplo: quando a proposta não é definitiva;

b) se o contrário não resultar da natureza do negócio. Exemplo: propostas abertas ao público ou condicionadas à existência de estoque;

c) se o contrário não resultar das circunstâncias do caso.

São quatro circunstâncias em que não há proposta obrigatória:

I – deixa de ser obrigatória a proposta se não for imediatamente aceita pela pessoa presente (inclusive por telefone);

II – pessoa ausente, se tiver decorrido tempo suficiente para chegar a resposta. Neste caso a proposta é sem prazo, mas através de intermediário;

III – pessoa ausente, proposta com prazo decorrido e a resposta não foi expedida;

IV – quando ocorre a retratação. Porém, ela não pode chegar depois da proposta. Deve chegar antes ou simultaneamente.

2.3.2. Aceitação

Pode ser expressa ou tácita. A manifestação de vontade nos contratos pode ser tácita toda vez que a lei não exigir que seja expressa. Porém, nos contratos internacionais, conforme se verá oportunamente, a aceitação deve ser sempre expressa. Existem praxes que dispensam aceitação expressa. Por exemplo, quando se trata de proposta em que o aceitante a altera ao recebê-la (contraproposta).

Há três casos que apesar de ter sido feita a aceitação o contrato não se aperfeiçoa:

1. quando há retratação da aceitação;

2. quando o proponente fixou prazo para a resposta e houve aceitação dentro do prazo, porém a pessoa que leva a resposta ao proponente chega depois do prazo. Neste caso, o proponente está liberado, mas é obrigado a comunicar o fato ao aceitante;

3. negócio feito à distância (*v.g.* por correspondência, por meio eletrônico).

2.3.3. Local de conclusão

O Código Civil (art. 435) considera celebrado o contrato no lugar em que foi proposto. Esta regra vale, inclusive, para negócios internacionais.

2.3.4. Contrato por instrumento público

Quando o instrumento público for exigido como prova do contrato, qualquer das partes pode se arrepender antes de assiná-lo, ressarcindo a outra parte das perdas e danos resultantes do arrependimento.

Assim, no silêncio do contrato, as partes podem se arrepender.

2.4. ELEMENTOS DOS CONTRATOS

Todo contrato requer vários elementos, **extrínsecos** e **intrínsecos**, para que possa existir validamente.

2.4.1. Elementos Extrínsecos ou Pressupostos

Os elementos extrínsecos *"são as condições sob as quais se desenvolve e pode desenvolver-se o contrato"* (Ferrara). Também são chamados de pressupostos. São pressupostos porque devem ser observados antes mesmo da contratação propriamente dita.

São eles: partes capazes, objeto idôneo e legitimação (art. 104 do Código Civil).

2.4.1.1. Partes capazes

As partes contratantes devem ser capazes. Para o Direito Civil brasileiro, a capacidade plena é adquirida aos 18 anos, habilitando o indivíduo para todos os atos da vida civil, inclusive o de celebrar contratos.

São absolutamente incapazes de exercer pessoalmente os atos da vida civil os menores de dezesseis anos, os que, por enfermidade ou deficiência mental, não tiverem discernimento e os que não puderem exprimir a sua vontade. São, ainda, relativamente incapazes de exercer certos atos os maiores de dezesseis e menores de dezoito anos, os ébrios e viciados, os que, por deficiência mental tenham o discernimento reduzido, os excepcionais com desenvolvimento mental incompleto e os pródigos (arts. 3º e 4º do Código Civil).

É nulo o contrato celebrado por pessoa absolutamente incapaz e anulável o celebrado por pessoa relativamente incapaz (arts. 166, I e 171, I do Código Civil).

2.4.1.2. Objeto idôneo

O objeto do contrato deve ser idôneo, ou seja, lícito e possível. É nulo o contrato quando seu objeto for ilícito ou impossível.

A licitude e a possibilidade são características que devem existir sempre juntas. Um contrato de compra e venda de tóxicos, por exemplo, é possível, porém ilícito, logo, é nulo. Não basta ser o objeto meramente possível para que o contrato seja válido. Assim, já que a idoneidade do objeto é pressuposto de validade do contrato, sua falta acarreta a nulidade do mesmo.

2.4.1.3. Legitimação

A legitimidade não se confunde com a capacidade. Uma pessoa pode ser capaz para todos os atos da vida civil, sem ter legitimidade para a prática de um ato específico. Um indivíduo pode, por exemplo, ser capaz para celebrar contratos de compra e venda, não possuindo, entretanto, legitimidade para vender bens de terceiro.

2.4.2. Elementos intrínsecos ou requisitos

Além dos pressupostos, os elementos intrínsecos também são indispensáveis à validade de todo contrato. Os elementos intrínsecos são o consentimento, o objeto e a forma.

2.4.2.1. Consentimento

Conforme já foi dito, o contrato se origina de dois atos ou manifestações de vontade: a proposta e a aceitação. Este intercâmbio de manifestações de vontade, visando a concretização de um negócio jurídico é que se denomina consentimento. O consentimento deve ser livre, espontâneo e consciente, pois será anulável o contrato viciado por erro, dolo, coação, estado de perigo, lesão ou fraude contra credores.

2.4.2.2. Objeto

Orlando Gomes define o objeto do contrato como sendo *"o conjunto dos atos que as partes se comprometeram a praticar, singular-*

mente considerados".[10] O objeto de todo contrato deve ser possível, lícito e determinável.

2.4.2.3. Forma

A regra é a liberdade de forma, ou seja, as partes contratantes estão livres para celebrar o contrato da forma que bem lhes aprouver, tais como escrita, verbal, etc.

A formalidade é a exceção. Às vezes, a lei exige uma determinada forma para a validade dos contratos, como por exemplo, o contrato de compra e venda de imóvel que deve ser celebrado por escritura pública.

É aconselhável que todo contrato seja feito por escrito, devidamente assinado pelas partes e pelas testemunhas e, se possível, ter suas firmas reconhecidas, facilitando, assim, a comprovação de sua existência e possibilitando sua execução judicial.

2.5. EXTINÇÃO DOS CONTRATOS

Os contratos se extinguem de duas formas: **normal** ou **anormal**.

2.5.1. Forma normal

A forma normal de extinção de um contrato é a sua execução, ou seja, o seu cumprimento, que é provada pela quitação.

2.5.2. Forma anormal

A forma anormal de extinção de um contrato pode decorrer de causas supervenientes, anteriores ou contemporâneas à sua formação, que levam à extinção do contrato sem o seu cumprimento.

---

10. GOMES, Orlando. *Contratos*. Rio de Janeiro: Forense, 1999.

2.5.2.1. Causas anteriores ou contemporâneas à formação do contrato

2.5.2.1.1. Ineficácia

Defeito na formação do contrato, que o torna nulo ou anulável.

Os defeitos podem ser:
— *objetivos*: dizem respeito ao objeto do contrato;
— *subjetivos*: dizem respeito aos contratantes;
— *formais*: concernentes à forma.

2.5.2.1.2. Condição resolutiva

É a condição que conduz à extinção do contrato sem o seu cumprimento. Exemplo: compra-se uma fazenda com a condição de que não sofra geada.

2.5.2.1.3. Direito de arrependimento

O contrato pode, e muitas vezes até deve, prever as hipóteses e prazos para que as partes contratantes possam se arrepender da avença. A irretratabilidade deve ser sempre expressa.

2.5.2.2. Causas supervenientes à formação do contrato

2.5.2.2.1. Resolução

Expressão associada ao conceito de inadimplemento.

A resolução pode ser:
— *involuntária*: inadimplemento em virtude de caso fortuito ou força maior;

— *voluntária*; inadimplência espontânea não decorrente de caso fortuito ou força maior;

— por *onerosidade excessiva*: modificação da situação econômica do contratante. Acontecimento extraordinário imprevisível.

2.5.2.2.2. Resilição

Resilição é a extinção do contrato por vontade de um ou de ambos os contratantes, nos casos permitidos por lei ou pelo contrato.

A resilição pode ser bilateral ou unilateral:

— **Bilateral**: (distrato): é um contrato celebrado para extinguir um contrato anterior. O distrato deve ser feito pela mesma forma que o contrato. Porém, esta regra só é exigida quando o contrato tiver forma especial como condição de validade. Assim, se o contrato foi celebrado por instrumento público, o distrato também deverá ser.

— **Unilateral**: ocorre, por exemplo no mandato, no contrato de prestação de serviços, no contrato de transporte, etc. A resilição unilateral, às vezes, toma os seguintes nomes: revogação, renúncia, denúncia, resgate.

— **Por cessação do contrato**: pela morte de um dos contratantes no caso do contrato *intuitu personae* ou personalísimo.

— **Rescisão**: dá-se nos casos de lesão. Lesão é o aproveitamento por um dos contratantes da situação de estado de necessidade vivida pelo outro.

3
REDAÇÃO DE CONTRATOS

3.1. TERMINOLOGIA DOS CONTRATOS

No que se refere à terminologia do contrato, vale ressaltar que todo instrumento de contrato, seja ele redigido em português, inglês ou em qualquer outro idioma, contém várias linguagens. Primeiramente, ele contém a variação do padrão da língua, usada pelas pessoas de um modo geral, que é o próprio idioma por meio do qual se redigiu o contrato (ou português, ou inglês, etc.). A segunda linguagem é a jurídica, própria dos advogados e dos textos legais, pois o contrato é "lei" entre as partes. A terceira, seria o jargão técnico, típico da área à qual o contrato se refere. Por exemplo, nos contratos de compra e venda de computadores, há toda uma terminologia específica da área de informática. E, finalmente, o instrumento de contrato contém também a linguagem da área econômica, que prevê a forma de pagamento e até mesmo, em muitos casos, fórmulas de cálculo de juros, correção monetária, etc.

No momento de se redigir um instrumento de contrato, é de fundamental importância que as pessoas que o elabora conheçam as áreas que ele envolve. Por exemplo, se o contrato está sendo redigido em português, é óbvio que aquele que o esteja redigindo deve ser um falante da língua portuguesa. O mesmo acontece com as demais linguagens. A jurídica é de responsabilidade de um advogado especializado, a técnica é de responsabilidade do técnico. A econômica é de responsabilidade do economista ou contador, assim por diante.

Portanto, é muito difícil a elaboração perfeita de um instrumento de contrato complexo por uma pessoa só. Esta, portanto, é predominantemente uma atividade interdisciplinar.

3.2. DIVISÃO DO INSTRUMENTO DE CONTRATO

Da mesma forma que uma redação pode ser dividida em título, introdução, desenvolvimento e conclusão, um contrato pode ser dividido em título, preâmbulo, contexto e encerramento, podendo ser seguido o seguinte esquema:

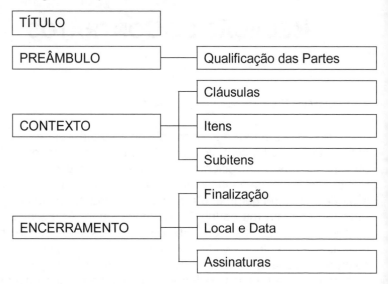

3.2.1. Título

Todo contrato deve ter título, visando facilitar sua identificação. Não é necessário constar no título o nome das partes.

Ele deve ser extraído do objeto contratual. Por exemplo: em se tratando de um contrato de locação de imóvel comercial o título deve ser CONTRATO DE LOCAÇÃO DE IMÓVEL COMERCIAL.

Muitas vezes um contrato tem um título e seu objeto trata de outra coisa completamente diversa. É o caso, por exemplo, de um contrato de cessão de direitos de uso de software que tem como título a compra e venda de software. Neste caso, o que prevalece é o que e encontra descrito no objeto e em suas cláusulas, não o que anuncia o título. Aí está um exemplo da importância da análise minuciosa de um contrato antes de sua assinatura.

3.2.2. Qualificação das partes

As partes devem ser qualificadas de forma simples, porém completa. No instrumento deve haver todos os dados que permitam a perfeita identificação das partes contratantes, tais como:

PESSOA FÍSICA	PESSOA JURÍDICA
Nome completo	Razão social
Nacionalidade	Natureza (pública ou privada)
Estado civil	CNPJ
Profissão	Inscrição estadual
CPF e RG	Endereço completo
Endereço completo	Nome e qualificação dos representantes

As qualificações das partes devem ser separadas por uma linha em branco, para facilitar a identificação.

O último dado da parte deve ser o seu apelido contratual. Normalmente, chama-se uma parte de contratante e a outra de contratada. Mas, em instrumentos de contratos muito extensos, costuma-se confundir quem seja o contratante e quem seja o contratado. Por esta razão, deve-se dar preferência por apelidos de fácil entendimento, tais como o núcleo do nome da parte. Exemplo: O apelido da HOLDING S/A EMPREENDIMENTOS E PARTICIPAÇÕES seria HOLDING.

Modelo:

> *HOLDING S/A EMPREENDIMENTOS E PARTICIPAÇÕES, com sede na cidade de Uberlândia, (...) doravante denominada "HOLDING" e*
>
> *ALVORADA E CIA LTDA., com sede na cidade de São Paulo, (...) doravante denominada "ALVORADA",*
>
> *celebram, entre si, o presente contrato particular de (...), mediante as cláusulas e condições a seguir alinhadas:*

3.2.3. As cláusulas

Toda cláusula deve ser numerada e intitulada, servindo o título para facilitar a localização de assuntos. Isso agiliza a análise.

É aconselhável que toda cláusula se inicie com a palavra "CLÁUSULA", visando evitar confusões com parágrafos, itens, etc.
Modelos:

> *CLÁUSULA PRIMEIRA: OBJETO*
>
> ou
>
> *CLÁUSULA 1ª – OBJETO*
>
> ou
>
> *CLÁUSULA I – OBJETO*

Toda cláusula deve ser separada da anterior e da posterior por uma ou mais linhas em branco, dependendo do tamanho do contrato. Isso facilita a análise. Mas, esta regra não é válida para escrituras públicas que, ao contrário, não podem ter espaços entre as cláusulas.

3.2.3.1. A primeira cláusula do contrato

É de praxe que seja o objeto contratual, visando facilitar o entendimento do que o contrato se trata. Mas, antes mesmo da primeira cláusula, é aconselhável que se prevejam considerações preliminares, registrando as circunstâncias mediante as quais as partes manifestaram sua aceitação com aquele instrumento e, consequentemente, com aquele contrato.

3.2.3.2. A última cláusula do contrato

Usualmente é o foro, que pode seguir o seguinte modelo:

> CLÁUSULA DÉCIMA QUINTA – FORO
>
> Elegem as partes o foro da comarca de Uberlândia/MG, para dirimirem as questões suscitadas em decorrência do presente contrato, com renúncia expressa a qualquer outro, por mais privilegiado que se apresente.

3.2.3.3. Subcláusulas ou itens

Todo item de cláusula deve ser numerado.

Em primeiro lugar deve constar o número que identifica a cláusula e em segundo o número que identifica o item; ambos separados por um ponto. Subcláusulas também podem ser divididas em alíneas.

Modelo:

> CLÁUSULA SEGUNDA – OBRIGAÇÕES DAS PARTES
>
> 2.1. São obrigações da HOLDING:
>
> a.
>
> b.
>
> 2.2. São obrigações da ALVORADA:
>
> a.
>
> b.

3.2.3.4. Cláusula de equilíbrio econômico-financeiro

Visando resguardar os interesses da parte credora, deve ficar consignado no contrato uma cláusula de reajuste econômico e financeiro que deve conter o seguinte texto:

> "Para que o equilíbrio econômico-financeiro do contrato seja mantido, nos termos da legislação vigente, as partes admitem, desde já, reajuste em função de aumento dos custos de

produção ou da alteração de índices que reflitam a variação ponderada dos custos dos insumos utilizados, em virtude de normas subsequentes, decisão judicial e legislação modificativa da atual política salarial."

Esta cláusula não se confunde com a de reajuste, que deve estar de conformidade com a política econômica do Governo. Reajustes só podem ocorrer nos períodos previstos no contrato e permitidos pela lei (*v.g.* anualmente).

3.2.4. Aditamentos e Anexos

É aconselhável que todo aditamento e todo anexo contenha os dados do contrato, das partes contratantes, data, lugar (cidade) e assinatura das partes e testemunhas. Isso faz com que o anexo de um contrato não seja anexado, por engano, a outro instrumento de contrato.

3.2.5. Garantias Contratuais

Nos contratos em que constar garantia, as partes devem observar o seguinte:

a) Todo contrato garantido por fiador deve conter a qualificação completa do mesmo e de seu cônjuge, quando este for pessoa física casada.

b) Nos contratos em que haja garantia em forma de título de crédito deve ficar consignado no contrato a garantia e no título deve haver menção ao contrato, vinculando este àquele.

3.2.5.1. Garantias para contratos de prestação de serviços

Com o intuito de proteger os interesses da parte contratante, é interessante que em contratos de prestação de serviços conste uma cláusula com os seguintes dizeres:

"A CONTRATADA obriga-se a realizar as suas atividades utilizando profissionais especializados e em número suficiente, cabendo-lhe total e exclusiva responsabilidade pelo integral atendimento de toda a legislação que rege os negócios jurídicos e que lhe atribua responsabilidades. Outrossim, a CONTRATADA se obriga também a reembolsar à CONTRATANTE todas as despesas que esta tiver, decorrentes de:

a) reconhecimento judicial de vínculo empregatício de empregados seus com a CONTRATANTE;

b) reconhecimento judicial de solidariedade da CONTRATANTE no cumprimento de suas obrigações trabalhistas e/ou previdenciárias;

c) indenização, inclusive a terceiros, como consequência de eventuais danos causados pela CONTRATADA, ou seus prepostos, decorrentes de negligência ou imperícia, na execução das suas atividades".

3.3. OBSERVAÇÕES FINAIS

3.3.1. Todo contrato, antes das assinaturas das partes, deve conter o local da assinatura e a data. Exemplo: Uberlândia/MG, 18 de setembro de 2010.

3.3.2. Além da assinatura das partes todo contrato deve conter, obrigatoriamente, a assinatura de, pelo menos, 02 (duas) testemunhas, para que o contrato seja exequível. Destas devem constar o nome e o número de um documento de identificação.

3.3.3. Todas as páginas do contrato devem ser numeradas e rubricadas pelas partes e testemunhas.

3.3.4. No final deste livro o leitor encontrará um apêndice I, com dicas sobre o que deve ser feito e o que não deve ser feito ao se elaborar e assinar um instrumento de contrato.

4
Os "5 S" Aplicados aos Contratos Escritos

Jerônimo Souto Leiria, em seu livro intitulado *Gerenciamento de Contratos,* publicado pela Editora CLT em 1993, nos apresenta uma aplicação dos "5 S" para melhoria da qualidade na gestão dos contratos escritos. Vejamos:

4.1. *SEIRI* (senso de utilização/organização)

Classificar o que é necessário ou desnecessário de ser descrito no corpo do contrato. Eliminar da redação tudo o que for desnecessário.

4.2. *SEITON* (senso de arrumação)

Organizar os temas tidos como necessários em sequência lógica. Identificar as cláusulas por números e títulos, ordenando-as de forma clara para que qualquer pessoa, no caso de dúvida, possa consultar e entendê-lo facilmente.

Não se deve, por exemplo, redigir um instrumento de contrato com se este fosse uma escritura pública, sem espaçamentos, pois isto dificulta sua leitura e consequente análise, acarretando perda de tempo e, logicamente, de dinheiro.

A modelo a seguir, mostra a forma **inadequada** de se redigir um instrumento de contrato:

Empresa 1, estabelecida na cidade de Uberlândia, Estado de Minas Gerais, Brasil, na Av. Afonso Pena, 000, inscrita no CNPJ/MF sob o número 00.000.000/0001-00, por seu representante infra assinado, doravante designada simplesmente por "EMPRESA 1" e Empresa 2, estabelecida na cidade de New York, Estado de New York, EUA, na Park Avenue, 000, registrada sob o número 00000000, por seu representante infra assinado, doravante designada simplesmente por "EMPRESA 2", ambas em conjunto designadas simplesmente por "Partes", ou, individualmente como "Parte", firmam o presente Memorando de Entendimentos (doravante designado simplesmente por "Memorando"), nos termos e condições a seguir alinhadas: CLÁUSULA I – OBJETO: As Partes manifestam neste instrumento a intenção de iniciarem um estudo de viabilidade ("o Projeto") de constituição de uma nova empresa (doravante denominada simplesmente "NEWCO") que deverá industrializar um novo produto. CLÁUSULA II – CONSTITUIÇÃO DA NEWCO: Se a conclusão do Projeto for positiva, as Partes, se julgarem viável e de comum acordo, constituirão uma empresa, aqui denominada NEWCO, que será sediada na cidade de São Paulo, Estado de São Paulo e, para este fim, deverão assinar um Acordo de Acionistas que regulará o seu relacionamento, estabelecendo direitos e obrigações.

Já o modelo a seguir, demonstra uma maneira mais **adequada** de se redigir um instrumento de contrato, que proporciona maior agilidade em sua leitura e análise:

Empresa 1, estabelecida na cidade de Uberlândia, Estado de Minas Gerais, Brasil, na Av. Afonso Pena, 000, inscrita no CNPJ/MF sob o número 00.000.000/0001-00, por seu representante infra assinado, doravante designada simplesmente por "EMPRESA 1" e

Empresa 2, estabelecida na cidade de New York, Estado de New York, EUA, na Park Avenue, 000, registrada sob o número 00000000, por seu representante infra assinado, doravante designada simplesmente por "EMPRESA 2", ambas em conjunto designadas simplesmente por "Partes", ou, individualmente como "Parte", firmam o presente Memorando de Entendimentos (doravante designado simplesmente por "Memorando"), nos termos e condições a seguir alinhadas:

CLÁUSULA I – OBJETO

As Partes manifestam neste instrumento a intenção de iniciarem um estudo de viabilidade ("o Projeto") de constituição de uma nova empresa (doravante denominada simplesmente "NEWCO") que deverá industrializar um novo produto.

CLÁUSULA II – CONSTITUIÇÃO DA NEWCO

Se a conclusão do Projeto for positiva, as Partes, se julgarem viável e de comum acordo, constituirão uma empresa, aqui denominada NEWCO, que será sediada na cidade de São Paulo, Estado de São Paulo e, para este fim, deverão assinar um Acordo de Acionistas que regulará o seu relacionamento, estabelecendo direitos e obrigações

4.3. *SEISOU* (senso de limpeza)

Limpar a "poluição" (*v.g.* excesso de palavras, estilo confuso). Não sujar a relação a ser estabelecida com apresentação de adendos ou ordens contraditórias à previsão contratual original. Eliminar as causas da "sujeira" (ruídos de comunicação, *v.g.* polissemia).

4.4. *SEIKETSU* (senso de padronização)

Manter a arrumação, limpeza e ordem da contratação no campo comportamental. Não permitir que haja uma atividade descrita na contratação e outra no plano comportamental. Repetir sempre as regras anteriores, utilizando padronização a tudo que é padronizável.

4.5. *SHITSUKE* (senso de disciplina)

Disciplinar a organização e fazer com que todos os envolvidos na relação contratual espontaneamente façam o mesmo. Fazer disto uma conduta.

5
ANÁLISE DE CONTRATOS

A análise de instrumentos de contratos também deve ser uma tarefa multidisciplinar. Assim, o advogado responde pela parte jurídica do contrato, o economista ou responsável pelo departamento financeiro responde pelas questões econômico-financeiras e assim por diante.

É importante que todo aquele que analisar o contrato coloque seu visto em todas as páginas do instrumento, demonstrando que o leu e o aprovou. Caso haja alguma inadequação ou observação a ser feita, o analista deve colocar uma ressalva em seu visto, dizendo o seguinte: VISTO COM RESSALVAS. As ressalvas devem ser um documento (parecer) encaminhado à parte. Desta forma, o profissional se exime de eventuais responsabilidades.

Muito se diz que antes de se assinar um contrato é preciso lê-lo com atenção. Isso é verdade. Mas, na maioria das vezes, um leigo não tem condições de saber se aquele instrumento de contrato o resguarde de todos os seus direitos. Por esta razão, após ler um contrato a parte interessada deve se fazer a seguinte pergunta: "O que este contrato não prevê, mas que deveria ter previsto?". Se ele não souber a resposta, deve procurar auxílio profissional.

5.1. PREVENINDO PROBLEMAS AO ANALISAR UM CONTRATO

Ao analisar um contrato, o gestor deve atentar para vários itens, dentre os quais podem ser citados os seguintes:

a) o título do contrato deve condizer com o objeto contratual;

b) a qualificação das partes deve estar completa;

c) os dados constantes na qualificação devem ser comparados com documentos previamente solicitados, tais como contrato social e cartão de CNPJ;

d) os termos contratados dever estar de acordo com os termos negociados;

e) não devem restar campos em branco;

f) o ideal é que o foro lhe é favorável e está corretamente redigido;

g) deve haver previsão de impressão de número suficiente de cópias (uma para cada parte e uma para registro, se for o caso);

h) a data já deve se encontrar devidamente preenchida;

i) deve haver previsão de assinaturas de testemunhas, com os devidos espaços;

j) o ideal é que o departamento solicitante já tenha carimbado e vistado o contrato;

l) carimbe e viste o contrato, com ou sem ressalvas.

No final deste livro o leitor encontrará um anexo II com um modelo de *check list* para que o gestor possa acompanhar a análise de um contrato.

6
CONTRATOS INTERNACIONAIS

6.1. CONCEITO E PARTICULARIDADES DOS CONTRATOS INTERNACIONAIS

José Luís Siqueiros[11] *explica que:*

A contratação, isto é, o acordo bilateral pode produzir-se nos âmbitos interno e internacional. Quando os elementos constitutivos do contrato (partes, objeto, lugar onde se pactua a obrigação, lugar onde deverá surtir seus efeitos) se originam e se realizam dentro dos limites geográfico-políticos de um único país, estamos situados no âmbito interno das obrigações. Inversamente, quando as partes contratantes tenham nacionalidades diversas ou domicílio em países distintos, quando a mercadoria ou o serviço objeto da obrigação seja entregue ou seja prestado além-fronteiras, ou quando os lugares de celebração e execução das obrigações contratuais tampouco coincidam, estaremos no âmbito dos contratos internacionais.

Em nossa doutrina encontramos o conceito clássico de contrato elaborado por Clóvis Beviláqua: "Contrato é o acordo de vontades para o fim de adquirir, resguardar, modificar ou extinguir direitos". Conforme muito bem explica Suzan Lee Zaragoza de Rovira:[12]

Um contrato internacional também é um acordo de vontades, através do qual as partes contratantes visam alcançar um objetivo,

---

11. SIQUEIROS, José Luís *in* STRENGER, Irineu. *Contratos Internacionais do Comércio.* São Paulo: Revista dos Tribunais, 1992, p. 24.
12. *In* STRENGER, Irineu. *Contratos Internacionais do Comércio.* São Paulo: Revista dos Tribunais, 1992.

porém diferente fundamentalmente daquele, de direito interno, porque traz em seu bojo a potencialidade de ser enquadrado em mais de um sistema jurídico.

Apesar de fazerem parte do gênero "contratos", os contratos internacionais não se confundem com os contratos internos. Irineu Strenger os compara com duas retas paralelas, que *"no seu desenvolvimento marcham lado a lado, em inúmeras situações, sem haver, entretanto, qualquer intersecção".*[13]

Segundo Celso Bastos e Eduardo Kiss:[14]

normalmente qualifica-se de internacional um contrato que se dá entre um proponente que se encontra em um país e um aceitante que se encontra em outro. Nestas condições, mais de uma ordem jurídica estaria apta a disciplinar o contrato. Isso significa dizer que há mais de um Estado, em tese, competente para considerar o seu direito o aplicável ao negócio, assim como mais de um Poder Judiciário em condições de dirimir uma possível controvérsia. Por outro lado, é preciso notar que proponente e aceitante podem estar no mesmo país, transacionando, contudo, bem que se encontra em outro, ou que aí deverá ser entregue. Vê-se, pois, que há mais de um caminho que permite a qualificação de um contrato como internacional. Ou seja, onde há algum elemento que se expõe à disciplina de um segundo ou terceiro direito. Nessas condições, surge o problema de se saber qual deles vai efetivamente regular a espécie. À procura desse direito dá-se o nome de determinação da lei aplicável. É preciso, portanto, determinar, dentre as leis possíveis, qual aquela que, de fato, vai ser aplicada, visto que não é possível que o mesmo contrato seja simultaneamente regulado por diversas leis.

Portanto, o contrato internacional é sempre regulado por uma lei nacional – e não internacional – determinada a partir dos critérios fornecidos pelo direito internacional privado.

Vale a pena explicar que um contrato interno tem partes domiciliadas no país, cuja obrigação é exequível no país e tudo acontece internamente, ou seja, no país. Mas, se uma das partes for domicilia-

---

13. STRENGER, Irineu. *Contratos Internacionais do Comércio*. São Paulo: Revista dos Tribunais, 1992, p. 24.
14. BASTOS, Celso Ribeiro e KISS, Eduardo Amaral Gurgel. *Contratos Internacionais*. São Paulo: Saraiva, 1990.

da no exterior, ou se o objeto tiver um caráter internacional (v.g. importação, exportação, câmbio), ou ainda, se por qualquer motivo houver a possibilidade de regulação pelo direito estrangeiro, o contrato será internacional.

E, para que não restem dúvidas, seguem algumas das principais particularidades do contrato internacional:

6.1.1. Alcance

A principal característica do contrato internacional é a extraterritorialidade. *"O contrato internacional é necessariamente extraterritorial, ainda que as partes tenham a mesma nacionalidade. O que importa, nessa hipótese, são os fatores decorrentes de toda a sua amplitude da domicialidade e dos sistemas jurídicos intervenientes."*[15]

6.1.2. Submissão

Por força da extraterritorialidade, o contrato internacional toca mais de uma legislação e mais de uma jurisdição, colocando as partes em posição de negociação, visando a definição do foro competente e da legislação aplicável.

Desta forma, ou uma parte se submete ao foro e/ou legislação da outra, ou ambas se submetem ao foro e/ou legislação de uma terceira nação.

6.1.3. Arbitragem

"Arbitragem é a forma de prevenir ou dirimir pendências a partir do estabelecimento de uma instância decisória instituída pela vontade das partes em determinada relação jurídica."[16]

---

15. STRENGER, Irineu. *Contratos Internacionais do Comércio*. São Paulo: Revista dos Tribunais, 1992, p. 24.
16. GUERREIRO, José Alexandre Tavares. *Fundamentos da Arbitragem no Comércio Internacional*. São Paulo: Saraiva, 1993.

Veja maiores explicações a respeito do tema no Capítulo seguinte.

6.1.4. Idioma

Apesar de ser o inglês o idioma "oficial" das grandes negociações internacionais, nada impede que se faça contratos internacionais em outros idiomas.

Também existe a possibilidade de ser o instrumento de contrato firmado em mais de um idioma (usualmente dois). Neste caso, faz-se necessária a previsão de qual deles prevalecerá em uma hipótese de divergência.

Neste caso, a cláusula referente ao idioma contratual poderá ter a seguinte redação: "O presente contrato é firmado em Português e Inglês. Na hipótese de discordância ou dúvida entre ambas as versões, prevalecerá sempre a versão em Português". Ou: *"This contract is signed in Portuguese and English. In the event of disagreement or doubt as regards the construction of any provision, the Portuguese version shall always prevail"*.

6.1.5. Lei Aplicável (*Lex Voluntatis*)

"*A obrigação resultante do contrato reputa-se constituída no lugar em que residir o proponente.*" (§ 2º do art. 9º da LICC).

As partes podem, livremente, escolher a lei aplicável ao contrato internacional. Desta forma, elas podem escolher, por exemplo, uma legislação neutra ou direito que melhor se adapte às circunstâncias contratuais e às necessidades das partes contratantes.

6.1.6. Jurisdição e Foro Competentes

A regra geral é que "é competente a autoridade judiciária brasileira, quando for o réu domiciliado no Brasil ou aqui tiver de ser cumprida a obrigação" (art. 12 da LICC).

Mas, as partes também podem eleger a jurisdição (jamais nos contratos internos) e o foro (como nos contratos internos) competentes para dirimir as questões que, porventura, forem suscitadas em decorrência do contrato internacional.

As partes podem eleger a jurisdição de uma ou de outra ou, ainda, uma terceira jurisdição. Geralmente elege-se a jurisdição mais confiável para ambas as partes.

6.1.7. Registro

Conforme preceitua o art. 18 da Lei de Introdução ao Código Civil, *"tratando-se de brasileiros, são competentes as autoridades consulares brasileiras para (...) os atos de registro civil e de tabelionato"*.

Assim, para que um contrato internacional firmado em um país tenha validade em outro, torna-se necessário que, além do registro no equivalente ao cartório de títulos e documentos, o contrato deva ser consularizado, isto é, registrado no consulado do segundo país.

6.1.8. Manifestação da vontade

Nos contratos em geral, a manifestação da vontade pode ser tácita sempre que a lei não exigir que seja expressa. Porém, para a validade dos contratos internacionais, a manifestação da vontade deve ser sempre expressa.

6.1.9. Quadro comparativo

		CONTRATO INTERNO	CONTRATO INTERNACIONAL
1	Alcance	Territorialidade	Extraterritorialidade
2	Submissão	Não há	Sempre há
3	Arbitragem	Pouco usada	Usual
4	Idioma	Português	Qualquer idioma

5	Lei Aplicável	Brasileira	Brasileira ou Estrangeira
6	Jurisdição e Foro	Autoridade Judiciária Brasileira	Autoridade Judiciária Brasileira ou Estrangeira
7	Registro	Cartório de Títulos e Documentos	Cartório de Títulos e Documentos e Consulado
8	Manifestação da Vontade	Expressa ou Tácita	Expressa

6.2. PRÉVIAS SOLUÇÕES DE POSSÍVEIS CONFLITOS

Existem alguns possíveis conflitos, aparentes ou não, que podem ser evitados com a simples previsão contratual. Vejamos:

6.2.1. Idioma

A maioria dos instrumentos de contratos internacionais é redigida em inglês, por ser um idioma de aceitação praticamente universal. Em outras e não raras vezes, o contrato internacional é redigido em dois ou mais idiomas. Nestes casos, redigi-se um instrumento para cada idioma, mas não é difícil de se ver instrumentos de contratos cujas páginas são divididas em duas colunas, sendo uma para o idioma original e a outra para a tradução. Dependendo da diversidade nacional das partes contratantes, um contrato pode ter várias traduções. Mas, uma das versões deve ser sempre escolhida pelas partes como sendo a original.

Para tanto, o instrumento de contrato internacional que é firmado em mais de um idioma deve conter uma cláusula com a seguinte redação:

> *"O presente Contrato é firmado em Português e Inglês. Na hipótese de conflito entre ambas as versões, a versão em Português sempre prevalecerá."*

Esta cláusula soluciona um dos conflitos que podem surgir no momento de uma interpretação jurisdicional de um contrato internacional.

6.2.2. Jurisdição, Foro e Lei Aplicável

Outra cláusula que soluciona conflitos que podem surgir no momento de uma interpretação jurisdicional de um contrato internacional é a de jurisdição, foro e lei aplicável.

Por se tratarem de relações entre pessoas de diversas nacionalidades, há o envolvimento de sistemas jurídicos diferentes, de jurisdições diferentes, etc.

Se não houver uma prévia e oportuna eleição pelas partes, cada Estado que for chamado a se pronunciar a respeito do contrato pode se dar por competente.

Por este motivo, as partes devem eleger a jurisdição competente para julgar os conflitos que porventura existirem.

Dentro da circunscrição jurisdicional escolhida, as partes devem, preventivamente, escolher também o foro competente. Além da jurisdição e do foro, é conveniente que as partes elejam a legislação aplicável, sob pena de que um juiz escolha a lei que julgar mais conveniente.

Assim, valendo-se da autonomia das suas vontades, as partes podem escolher a jurisdição dos Estados Unidos da América e o foro da cidade de New York como competentes para julgar as lides relacionadas ao contrato, elegendo ainda, como lei a ser aplicada, a legislação brasileira. Desta forma, o juiz americano deverá aplicar a lei brasileira. Isto não é comum e nem tem muita lógica, mas pode ser feito. O ideal é sempre optar pelo que for mais prático e econômico.

6.2.3. Assinaturas de Testemunhas em Contratos Internacionais

Muitas vezes, por não ser uma exigência comum a todos os sistemas legais, os contratos internacionais não trazem em seu instrumento a assinatura de testemunhas.

Se não houver eleição de legislação aplicável ou se a lei eleita for a brasileira, é muito importante que no instrumento de contrato conste também a assinatura de duas testemunhas, por ser esta uma exigência da lei brasileira. Isto é importante porque todo instrumento de contrato, devidamente datado e assinado, pelas partes e por duas testemunhas, é um título executivo extrajudicial. Esta formalidade é um requisito legal, que, na hipótese de um processo judicial, utilizar-se-ia diretamente a execução, sem passar pelo processo de conhecimento, economizando muito tempo e, consequentemente, dinheiro.

Portanto, nestes casos, ao final do instrumento, após as assinaturas das partes, devem ser acrescentadas as assinaturas de duas testemunhas, devidamente identificadas pelo nome completo e número de documento (identidade, CPF, etc.).

7
ARBITRAGEM

A arbitragem é um método através do qual uma terceira pessoa, escolhida pelas partes interessadas por meio de um negócio jurídico entre elas firmado, resolve o conflito existente entre elas.

7.1. CARACTERÍSTICAS DA ARBITRAGEM

A arbitragem é uma modalidade de atividade jurisdicional. Ela é um método jurisdicional de solução de conflitos. Porém, ela só pode versar sobre direitos disponíveis.

A sentença arbitral não precisa ser homologada pelo juiz. Ela é título executivo judicial. Porém, o árbitro pode sentenciar, mas não pode executar a sentença. Já o magistrado, pode executar ou anular a sentença arbitral, mas não revê-la.

Portanto:

1) a arbitragem é uma modalidade de atividade jurisdicional;
2) é consequência de um negócio jurídico;
3) só pode versar sobre direitos disponíveis;
4) a sentença arbitral não precisa ser homologada pelo juiz;
5) a sentença arbitral é título executivo judicial;
6) o árbitro pode sentenciar, mas não pode executar;
7) a sentença arbitral pode ser anulada mas não pode ser revista.

7.2. MODELO DE CLÁUSULA COMPROMISSÓRIA DE ARBITRAGEM

Ao celebrarem um contrato, as partes podem adotar o seguinte modelo de cláusula compromissória de arbitragem:

> ***Cláusula X – Arbitragem***
>
> *As partes, desde já, estabelecem que todas as controvérsias oriundas ou relacionadas ao presente contrato serão resolvidas de forma definitiva, por meio de arbitragem, pelo* Centro de Arbitragem da Câmara Americana de Comércio, *de acordo com o seu regulamento e os custos com este procedimento serão assumidos igualmente por ambas.*

8
TRADUÇÃO
DE CONTRATOS INTERNACIONAIS[17]

8.1. COMPETÊNCIAS DE UM TRADUTOR

Conforme já foi dito, um instrumento de contrato é redigido em várias linguagens (a variação padrão, a jurídica, a técnica, a econômica, etc.) e cada uma delas é da competência de um tipo de profissional especializado (advogado, técnico, economista, contador, etc.).

Porém, ao se tratar de um instrumento de contrato que deva ser redigido em mais de um idioma, surge a pessoa do tradutor. O tradutor é aquele profissional especializado, que domina os idiomas em questão, que elaborará uma segunda versão do contrato, mantendo o mesmo sentido almejado pelas partes e a mesma negociação realizada, em outro idioma que não o original.

Conforme nos ensina Waltensir Dutra, "traduzir é reproduzir, da melhor maneira possível, na sua língua, os objetivos do autor, tal como evidenciados pelo texto".

Para Maria Tereza Cabré, um tradutor deve lançar mão de quatro competências: (i) a cognitiva, (ii) a linguística, (iii) a sócio-funcional

---

17. A Edipro – Edições Profissionais lançou também, neste mesmo ano, o *Dicionário Jurídico Comentado – Português-Inglês / Inglês-Português – de Termos Específicos de Contratos Internacionais,* de autoria de Luis Henrique Ventura.

e a (iv) metodológica. A competência cognitiva implica em conhecer as disciplinas que o contrato envolve. Por exemplo, o técnico deve entender da área técnica e o advogado deve ser um especialista em contratos. A competência linguística significa o domínio de ambos os idiomas, não bastando apenas falar os idiomas, mas dominar o jargão em ambas as línguas. A competência sócio-funcional traduz-se no conhecimento que o profissional tem da finalidade daquele contrato. E, finalmente, a competência metodológica é o "saber traduzir". Afinal, existem técnicas de tradução.

8.2. PROBLEMAS ENFRENTADOS POR UM TRADUTOR

Um tradutor de contratos, ou mesmo um lexicógrafo ou terminólogo que esteja à busca de equivalentes para termos identificados, enfrenta alguns problemas de adequação linguística.

Em primeiro lugar, a confiança na própria intuição é um inimigo cruel, que pode desvalorizar sobremaneira uma tradução. Afinal, são muitos os falsos cognatos e termos polissêmicos. Por exemplo, a palavra "termo" não quer dizer "termo", como pode parecer à primeira vista, mas sim "vigência" e a palavra "jurisdiction" pode ser traduzida tanto por "jurisdição" (cognato), quanto por "juro", quanto, ainda, por "jurisdição e foro", dependendo do contexto em que estiver inserida.

Outro problema, que merece uma atenção especial é a questionável qualidade dos dicionários jurídicos bilíngues existentes no Brasil. Conforme pode ser observado, muitas vezes estes dicionários mais confundem do que esclarecem, o que pode acarretar, em um primeiro momento, traduções inadequadas de contratos e, em um momento mediato, riscos jurídicos e prejuízos financeiros.

Esta situação pode ser observada analisando-se o seguinte exemplo: vejamos quais são os equivalentes do termo "tax" apresentado pelos principais dicionários jurídicos bilíngues brasileiros. Para Goyós Júnior os equivalentes de "tax" são imposto, taxa e tributo, enquanto que para Mello os equivalente são tributo, imposto e taxa. O problema reside no fato de que, para o direito brasileiro, tributo é uma coisa, imposto é outra e taxa é outra. O gênero é tributo. Assim, tanto o imposto quanto a taxa são tributos. Logo, o contrato que prevê o compromisso pelo pagamento de todos os tributos compromete mais que o contrato que prevê o compromisso pelo pagamento de todos os impostos. Para o leigo, pode até parecer que é a mesma coisa, mas não é. Para evitar traduções inadequadas, para não se dizer erradas, o ideal seria que o dicionário bilíngue explicasse cada uma das diferenças, o que não ocorre.

Assim, já podemos concluir que os dicionários jurídicos bilíngues existentes no Brasil e a simples intuição do tradutor não são ferramentas adequadas à boa tradução de um contrato internacional. Daí decorre a conclusão de que o tradutor de contrato deve ter intimidade com os termos, em ambos os idiomas.

8.3. RISCOS DE UMA TRADUÇÃO INADEQUADA

Assim como a língua, os contratos são um fenômeno social e não há como negar a influência que eles realizam nas vidas das pessoas e a interdependência que exercem sobre a sociedade. Atualmente, a celebração de contratos internacionais não faz parte apenas da realidade das grandes corporações, mas a possibilidade de os celebrar está ao alcance de qualquer cidadão que leia outro idioma e que tenha acesso à Internet. Porém, a interpretação imperfeita do texto de um contrato pode gerar grandes riscos para as partes contratantes. Por esta razão, a terminologia jurídica utilizada nos contratos internacionais, que influencia na segurança das relações jurídicas deles advindas, merece especial atenção.

Apesar da importância que tem a correta interpretação de contratos internacionais, que são verdadeiras leis privadas entre os particulares, não há subsídios suficientes, tais como dicionários realmente competentes, para os tradutores e para profissionais do Direito (advogado, promotor, juiz, etc.) e de outras áreas que têm como atividade a análise ou a elaboração de contratos internacionais. Além disso, por força da grande gama de falsos cognatos e termos polissêmicos, que podem levar a uma tradução incorreta do contrato e o surgimento de graves riscos para aqueles que o celebram, os tradutores não podem confiar apenas nos seus instintos. Afinal, existe uma terminologia jurídica própria, que outorga às palavras sentidos terminológicos próprios, que não pode ser distorcida.

Instintivamente, ao se traduzir as palavras "article" e "section", por exemplo, os (supostos) equivalentes que primeiro vêm à mente do tradutor são "artigo" e "secção". Por força deste equívoco, muito já se disse e se tem dito no Brasil que a Constituição norte-americana só tem sete artigos. Isso não é correto. Na verdade, aquela constituição possui sete "articles", que são subdivididos em "sections". No sistema brasileiro, as leis são divididas em seções e estas em artigos, enquanto que se no sistema americano os "articles" são divididos em "sections". Logo, aqueles são as "seções" e estas os "artigos". Ambos os termos são, portanto, dois falsos cognatos ao mesmo tempo. Portanto, o termo "article" é um falso cognato que não quer dizer "artigo", mas sim "seção", enquanto que o termo "section" é um outro falso cognato que não quer dizer "seção", mas sim "artigo". É de se notar que uma tradução inadequada distorce totalmente o sentido de uma frase, de um texto, de uma lei ou de um contrato. É aí que reside o risco.

Outro exemplo muito comum é a tradução do termo "tax" como sendo "taxa". Às vezes, ele é até traduzido como "imposto". Apesar de se tratar de um termo especificamente de Direito Tributário, corriqueiramente consta em contratos, até mesmo com cláusula específica. No Brasil, os tributos se classificam em impostos, taxas, contribuições de melhoria, etc. Nos EUA os tributos também se subclassificam (*v.g.*, *imposts* e *excises*). Porém, no Brasil a taxa é uma espécie do gênero tributo, enquanto que nos EUA, a "tax" é que é o gênero. Imagine se uma empresa americana assume, perante uma empresa brasileira, o pagamento de todos os tributos (taxes), mas no contrato em português, por uma falha de tradução, consta que ela assume apenas as taxas. Isso pode gerar a decisão pela não assinatura de um contrato. Em outros casos, pode ser gerada a decisão pela assinatura de um contrato que não poderia ser assinado de forma alguma.

O tradutor que se guia exclusivamente pela sua intuição, corre o risco de traduzir, por exemplo, o termo *"injury"* como sendo "injúria". É de se lembrar que no Brasil, injúria é um crime contra honra previsto no art. 140 do Código Penal. No entanto, o equivalente de *"injury"* não é "injúria", conforme pode se depreender da tradução instintiva, mas sim "lesão", que não é um crime especificamente. É muito comum se ver traduzido o termo *"jurisdiction"* como sendo "jurisdição", enquanto que sua tradução seria "foro". Vale a pena ressaltar que *"minutes"* não é "minuta", *"execution"* não é "execução", *"term"* pode ser "vigência", uma *"company"* pode não ser uma "companhia", etc.

Portanto, não basta que o tradutor seja um fluente falante de ambos os idiomas em questão e que até seja bacharel em Direito. É necessário que ele seja um profissional realmente especialista na área e que consiga se esquivar das armadilhas que a língua pode proporcionar. Afinal, muitos são os falsos cognatos e os casos de polissemia que podem causar confusão e, consequentemente, riscos. Assim, ao se traduzir um contrato ou um documento que gere direitos e obrigações, toda atenção, competência e precisão são de vital importância.

9
CONTRATOS POR MEIO ELETRÔNICO[18]

9.1. PRINCÍPIOS FUNDAMENTAIS

Tradicionalmente, alguns princípios têm orientado todo o Direito Contratual, tais como a autonomia da vontade, a supremacia da ordem pública, o consensualismo, a relatividade dos contratos, a força obrigatória, a onerosidade excessiva e a boa-fé.

Mas, no que se refere aos contratos celebrados por meio eletrônico, surgem outros princípios que têm sido identificados por aqueles que estudam o tema. São eles: identificação, autenticação, impedimento de rejeição, verificação e privacidade.

9.1.1. Identificação

Para que um contrato eletrônico seja válido, as partes signatárias devem estar devidamente identificadas. O aceitante deve ter plena certeza de que o proponente é mesmo o proponente e vice-versa.

---

18. A Edipro – Edições Profissionais lançou também, neste mesmo ano, a segunda edição do Livro *Comércio e Contratos Eletrônicos – Aspectos Jurídicos*, de autoria de Luis Henrique Ventura.

9.1.2. Autenticação

As assinaturas eletrônicas das partes devem ser autenticadas por entidades (cartórios eletrônicos)[19] capazes de confirmar a identificação das partes.

9.1.3. Impedimento de Rejeição

As partes não podem alegar invalidade do contrato alegando, simplesmente, que aquele foi celebrado por meio eletrônico.

9.1.4. Verificação

Os contratos devem ficar armazenados em meio eletrônico, possibilitando uma verificação futura.

9.1.5. Privacidade

Para que um contrato eletrônico seja válido ele deve ser celebrado em um ambiente que garanta a privacidade nas comunicações.

9.2. CONDIÇÕES DE VALIDADE

Como negócio jurídico que é, o contrato deve satisfazer certas condições que digam respeito ao seu objeto, à sua forma e às suas partes. Essas condições de validade são: partes capazes; objeto lícito e forma prescrita ou não defesa em lei.

Se estas são condições de validade dos contratos em geral, também são as condições de validade de um contrato por meio eletrônico. Ainda não existe nenhuma lei estabelecendo outras condições de validade especiais para o contrato eletrônico, tais como um ambiente se-

---

19. A expressão "cartórios eletrônicos" é utilizada em sentido amplo, referindo-se a empresas privadas, idôneas e especializadas em certificação e autenticação eletrônicas e a notários públicos.

guro. Portanto, vale a pena analisar cada uma das condições existentes e sua adequação com as particularidades do contrato eletrônico.

9.2.1. Partes Capazes

Para que um contrato eletrônico seja válido é necessário que as partes contratantes sejam capazes. A confirmação desta capacidade é uma questão de segurança jurídica, que deve ser buscada por ambas as partes, através de processos de identificação segura, tais como os processos de assinatura eletrônica por meio de sistemas criptográficos de chave pública e chave privada (enquanto este for o melhor sistema).

9.2.2. Objeto lícito

O objeto de um contrato eletrônico deve ser lícito, ou seja, conforme a lei. Por esta razão, a importação de um software pela Internet, com pagamento via cartão de crédito ou outro meio, cujo valor importa tributação, mas sem o seu recolhimento, caracteriza uma ilicitude.

9.2.3. Forma

A regra é a liberdade de forma. Mas, às vezes, a lei exige uma determinada forma para a validade dos contratos. Como por exemplo, o contrato de compra e venda de imóvel que deve ser realizado por escritura pública.

Muitas vezes a forma é só para facilitar a prova. O ato é válido, mas a sua forma facilita a prova. Esta é a forma *ad probationem*.

Neste caso, a forma não é condição de validade do contrato. Quando a forma é indispensável para a validade do ato, trata-se de forma *ad solemnitatem*.

Portanto, se a forma dos contratos é livre, havendo algumas exceções previstas em lei, qualquer contrato pode ser celebrado por meio eletrônico, exceto aqueles sobre os quais a lei exige uma forma especial.

Assim, contratos que têm uma forma *ad solemnitatem* prevista em lei (*v.g.* compra e venda de imóvel) não têm validade se realizados por meio eletrônico. Os demais, podem ser celebrados por meio eletrônico e a forma que adotarem será meramente *ad probationem*.

Além destas, que são as chamadas condições gerais e essenciais de validade dos contratos, existe ainda o **acordo de vontades**, que é a chamada condição específica. Para que seja comprovado o acordo de vontades, é necessário que a manifestação da vontade seja inequívoca, não bastando para tanto um único e simples "clic" de *mouse*.

9.3. FORMAÇÃO DOS CONTRATOS ELETRÔNICOS

Os contratos se originam de dois atos ou manifestações de vontade: a proposta e a aceitação. A proposta, que se exige aos termos fundamentais do contrato, obriga o proponente ao seu integral cumprimento. Se houver desistência, ele responderá por perdas e danos. A aceitação pode ser expressa ou tácita. A manifestação de vontade nos contratos pode ser tácita toda vez que a lei não exigir que seja expressa.

O Código Civil (art. 435) considera celebrado o contrato no lugar em que foi proposto. Esta regra vale, inclusive, para negócios internacionais.

Com relação aos contratos eletrônicos, surgem indagações relacionadas ao fato de serem celebrados entre presentes ou entre ausentes. Em primeiro lugar, faz-se necessário definir a natureza jurídica da Internet. Ela seria um lugar ou um meio?

Se entendermos que a Internet é um lugar, a proposta e a aceitação seriam realizadas na Internet. Neste caso, o contrato deveria ser considerado celebrado entre presentes, afinal, as partes encontram-se em um mesmo lugar (virtual): a Internet.

Se entendermos que a Internet é um meio, a proposta e a aceitação seriam realizadas em lugares diversos. Neste caso, o contrato deveria ser considerado celebrado entre ausentes.

Este último caso parece ser a tendência, devendo-se fazer valer, portanto, as regras e teorias que melhor se adequem.

9.4. OS CONTRATOS ELETRÔNICOS COMO TÍTULOS EXECUTIVOS EXTRAJUDICIAIS

O art. 585, II, segunda parte, do Código de Processo Civil prevê o seguinte:

"São títulos executivos extrajudiciais: (...)

II – (...) o documento particular assinado pelo devedor e por duas testemunhas".

Portanto, um contrato particular, para ser título executivo extrajudicial, deve ter assinatura de duas testemunhas. O contrato eletrônico não é assinado por testemunhas. Logo, o contrato eletrônico não é considerado, no Brasil, um título executivo extrajudicial.

Seria o caso de se pensar em uma solução e de se propor a alteração do texto do nosso Código de Processo, aceitando a figura do Contrato Eletrônico devidamente certificado como título executivo extrajudicial.

9.5. A OBRIGATORIEDADE DOS CONTRATOS *CLICKWRAP*

Contratos *Clickwrap* são contratos de adesão, escritos em um *site*, onde o leitor expressa a aceitação de seus termos apenas com um *click* de *mouse*. Benjamin Wright e Jane Winn[20] explicam que eles *"requerem que o aceitante expresse uma ação, tal como o uso do mouse para clicar em um botão marcado com 'eu concordo', 'aceito', 'Ok', ou algum termo equivalente para manifestar sua aceitação".*

Geralmente eles são usados para demonstrar que o leitor conhece as regras de uso de um site, as isenções de responsabilidade do fornecedor (*disclaimers*) ou que, pelo menos, teve a oportunidade de conhecê-las.

Logo, os contratos *clickwrap* não podem ser usados para a concretização de transações complexas, pois não há nada de complexo em um simples *click*. Quanto mais simples o contrato, mais

---

20. WRIGHT, Benjamin e WINN, Jane Kaufman. *The Law of Electronic Commerce.* New York: Aspen Law & Businness, 1999.

simples pode ser a forma de manifestação de concordância com os seus termos, mas quanto mais complexo for aquele, mais complexa deve ser também a consequente manifestação de vontade, para que sobre a sua nitidez não paire nenhuma dúvida.

10
SEGURANÇA JURÍDICA NA INTERNET

Hoje em dia todas as empresas querem estar presentes no mundo virtual. Trata-se de um consenso de que toda empresa moderna, por força do fenômeno da globalização, deve se preocupar com dois temas importantes: **Internacionalização** e **Comércio Eletrônico**.

Porém, a maioria dos empresários simplesmente desenvolve um *web site* conforme suas necessidades e o coloca na Internet sem que o site passe por uma análise jurídica prévia, expondo a empresa ao risco de se envolver em processos judiciais dispendiosos e desgastantes.

10.1. PRINCIPAIS PREOCUPAÇÕES

A cultura de segurança de sistemas informatizados já é bastante difundida. Várias empresas já prestam este tipo de serviço, oferecendo ao mercado soluções modernas em segurança. Todo aquele que monta o seu sistema e o conecta a uma rede externa, como a Internet, sabe que suas preocupações básicas são os *hackers*[21] e os vírus. Para se precaver, as empresas mais prudentes instalam em seus sistemas as melhores e mais adequadas *firewalls*[22] e os melhores e atualizados antivírus.

---

21. *Hackers* são pessoas que, utilizando-se de altos conhecimentos técnicos, invadem computadores ou sistemas alheios, através da Internet, sem a devida autorização.
22. *Firewall*, ou parede de fogo, é um software que protege computadores conectados à Internet contra ataques de *hackers*.

Também há outros problemas que se remediam com soluções de caráter tecnológico, como a filtragem de conteúdo. Mas, mesmo na hora de elaborar sua política de segurança, a maioria das empresas se esquece de se proteger juridicamente.

Há consultores de informática que dizem, inclusive, que *"um firewall, um antivírus e um bom software anti-intrusão já trazem um bom nível de segurança para empresas".*[23] Mas, isto não é verdade. Afinal, não adianta se cercar de soluções tecnológicas modernas e eficientes de segurança, se a empresa pode ser lesada, sob o ponto de vista econômico e, até mesmo, extrapatrimonial, por força de uma ação judicial.

A segurança de um sistema informatizado deve ser encarada como uma corrente. Cada ferramenta de segurança é um elo. Todos os elos devem ser muito fortes. Um destes fundamentais elos é a segurança jurídica.

10.2. PROBLEMAS E SOLUÇÕES

É importante que, para encontrar as melhores soluções para os mais diferentes problemas que forem surgindo, nos livremos de preconceitos e de ideias antigas. Devemos ser ousados. Mais do que realistas devemos ser futurologistas. Mais do que reativos, devemos ser pró-ativos.

Imagine um grande portal, onde diversos *banners*[24] e *links*[25] convidam o usuário para visitar diversos sites diferentes. O usuário chega ao site através do portal, seduzido, inclusive, pelos comerciais que o portal veicula nos mais diversos meios de comunicação. No site, o usuário adquire um miraculoso creme emagrecedor, que é vendido sem prescrição médica. Após usar algumas vezes o creme adquirido, o usuário percebe que não emagreceu nada e que sua pele, onde passou o creme, ficou terrivelmente manchada.

---

23. Ricardo Valente, engenheiro de sistemas da Symantec, *in* revista *Internet Businness*, nº 49, setembro de 2001.
24. *Banner* é um anúncio de "sites", exposto em outros site, através do qual o usuário, ao clicar sobre ele, acessa o site anunciado, deixando o site original.
25. *Links* são conexões que ligam um site a outro.

De quem seria a responsabilidade? O esperto advogado do usuário fatalmente processará os dois, tanto o site quanto o portal. Os administradores do portal, na melhor das hipóteses, passarão por um grande transtorno. Transtorno esse que poderia ter sido evitado se o conteúdo do portal tivesse passado por uma análise jurídica especializada.

Assim, faz-se necessário que os sites orientem os usuários até onde vai a sua responsabilidade. Em certos casos nem isso adianta. Por isso mesmo que a análise jurídica deve ser personalizada.

Portanto, deixar de ouvir a opinião de um consultor especializado é um problema grave para os administradores de *web sites*. Outro grave problema é a consulta a consultores de outras áreas, não especializados em Direito Eletrônico. Nestes casos a empresa corre o risco de despender valores com consultorias e, mesmo assim, continuar juridicamente desprotegida. Ou, ainda, juridicamente protegida, mas com um site complexo, pesado e inviável. Isto porque, infelizmente, há profissionais que não reconhecem a sua própria incapacidade ou, até mesmo de boa-fé, confiam nas tradicionais fórmulas que sempre deram certo no mundo real. Há que se lembrar que a Internet é uma nova realidade, que exige, por conseguinte, novas soluções para os novos problemas. A forma de redigir um contrato eletrônico, por exemplo, não pode ser a mesma de se redigir um contrato em papel. As informações na Internet devem ser expostas de maneira muito mais objetiva e precisa, sem perderem qualidade. Hoje já existem, inclusive, profissionais especializados em escrever para Internet, que são os chamados *web writers*.

Outros problemas que ocorrem com muita frequência são as cópias não autorizadas de informações e obras. Muitos disponibilizam informações na Internet, sem nenhuma proteção, e não querem que estas sejam copiadas por internautas. Seria como guardar o açucareiro destampado e não querer que as formigas devorem o açúcar.

10.3. PROTEGENDO INFORMAÇÕES E OBRAS

Imagine a seguinte situação: você tem em casa um colchão velho, do qual pretende se desfazer. Então você o coloca do lado de fora da casa, perto do suporte para se colocar lixo, imaginando que alguém possa passar por lá e levar o colchão. E é exatamente isso que acontece. Um mendigo, ao passar de fronte sua casa, decide levar com ele aquele colchão velho. Pergunto: que crime o mendigo cometeu? Obviamente que nenhum, pois o colchão estava lá com essa finalidade. Porém, bem próximo ao colchão, encontrava-se estacionada e trancada a sua motocicleta. Por ter gostado da moto, o mendigo também decide levá-la. Ele a destranca, faz uma ligação direta e a leva. Mais uma vez pergunto: que crime o mendigo cometeu? Claro que, neste caso, ele cometeu furto. Note-se que duas situações podem até parecer semelhantes, mas são bem diferentes.

    O mesmo acontece nos sites da Internet. Há pessoas que colocam informações, fotos, logomarcas, etc. em seu site como se elas fossem colchões velhos. Qualquer um pode passar, ver, gostar e copiar. Basta clicar com o botão direito do mouse sobre qualquer imagem que encontra-se exibida em um site desprotegido, que imediatamente aparece uma janela com a seguinte opção: "COPIAR". Ora, isso não é uma autorização expressa de cópia? Veja um exemplo na ilustração a seguir:

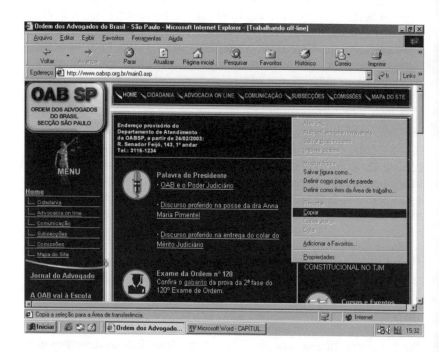

É de se concluir que, por força da forma com a qual o meio Internet foi construído, a autorização de cópia é a regra geral. Todo autor tem direito de abrir mão de seus direitos autorais, e quando ele publica sua obra em uma folha de papel em que está escrito "cópia autorizada", ele está abrindo mão de seu direito autoral. O mesmo acontece com a publicação, sem as devidas cautelas, no meio Internet que, como regra geral, autoriza cópias.

Entretanto, cautelas podem ser tomadas. Há pessoas que preferem proteger suas obras, tratando-as como se fossem a motocicleta da parábola. Elas até podem ser copiadas, mas quem o fizer cometerá um ilícito. Assim, para proteger juridicamente esses dados contra cópias é necessário que o site tenha, pelo menos, duas coisas: aviso expresso e *script* de segurança. O aviso expresso é aquela frase que deve aparecer bem nítida, que diz que as imagens ali expostas são de propriedade privada e não podem ser copiadas. Já o *script* de segurança é um programa que bloqueia o botão direito do mouse contra cópias. Ao clicar com o botão direito do mouse sobre a imagem que deseja copiar, o usuário não se depara com uma autorização expressa de cópia, mas sim com um aviso de que é proibida a cópia. Veja a ilustração a seguir:

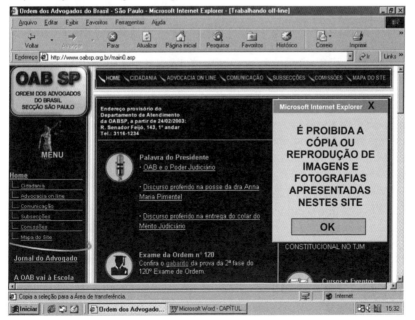

Neste caso, o usuário que copiar, o que não é tarefa difícil, o fará consciente de que está cometendo um ilícito.

Um fato concreto que tomei conhecimento e que ainda encontra-se em andamento, foi o de um processo que a administradora de um site moveu contra a administradora de outro site, que oferece serviços similares aos prestados por ela. Visando resguardar os dados e informações das partes, vou chamar a primeira de Imobiliária Casa e a segunda de Imobiliária House.

A Imobiliária Casa criou um site (casa.com) de anúncios de imóveis, onde constam dados e fotografias sobre os imóveis que anuncia. A Imobiliária House também criou um site (house.com) para anunciar os imóveis sob sua responsabilidade. Coincidentemente, alguns anunciantes no site house.com já anunciavam no site casa.com.

A lide nasceu quando os administradores do house.com copiaram fotografias de casas anunciadas no casa.com e as colou em seu site. Sentindo-se lesada, a Imobiliária Casa promoveu uma ação de indenização contra a Imobiliária House. O principal argumento da Imobiliária Casa era a lesão de seus direitos autorais pela Imobiliária House.

Em sua defesa, a Imobiliária House argumentou, em primeiro lugar, que a Internet é um ambiente público e que sua finalidade é a troca de informações. Tudo que encontra-se divulgado na Internet faz presumir que é para uso e cópia. Desta forma, para tudo que não puder ser copiado deve haver uma proibição expressa. Além disso, ela apresentou a tese de que as fotografias do site casa.com deveriam estar tecnologicamente protegidas contra cópia. Nele poderia haver um *script* de proteção contra cópias. Porém, ao invés disso, quando o usuário do site casa.com clicava com o botão direito do mouse sobre as fotografias nele expostas, abria-se uma janela com várias opções de comando, inclusive a de copiar. "Ora, o que seria isso senão uma autorização expressa?", alegou a ré.

Se a Imobiliária Casa tivesse consultado um advogado especializado antes de colocar seu site no ar, certamente que este a orientaria para que protegesse as imagens de seu site com um *script* contra cópias e colocasse um aviso bem visível, informando a propriedade privada das fotos e a proibição de copiá-las. De igual forma, se a Imobiliária House tivesse consultado um advogado especializado antes de copiar as fotos de outro site, mesmo tendo bons argumentos de defesa, esse a teria desaconselhado de realizar tais cópias, por uma medida preventiva.

10.4. ANÁLISE JURÍDICA DE *WEB SITES*

A análise jurídica de um *web site* é uma tarefa que só pode ser desenvolvida por profissional habilitado, ou seja, por um advogado. Mas, por ser uma área muito recente, que exige o conhecimento de conceitos muito novos, é de fundamental importância que esse profissional, além de experiente em contratos, esteja atualizado e familiarizado com o chamado Direito Eletrônico.

Deverão ser analisados, por exemplo, os contratos eletrônicos a serem celebrados (*click-wrap*[26] ou não) em uma relação *Businness to Consumer*, isto é, entre fornecedor e consumidor.

Disclaimers[27] têm que ser escritos de forma clara, visando prevenir ações judiciais e apontar, previamente, os eventuais responsáveis. Os contratos, formalizados em papel ou em meio eletrônico, firmados entre duas ou mais empresas que pretendem realizar comércio eletrônico sob a forma de *Businness to Businness*, ou seja, de empresa para empresa, também têm que ser minuciosamente elaborados por profissional especializado, visando colocar a empresa em uma posição mais confortável e bem mais garantida contra eventuais processos judiciais. Assim, a principal finalidade da advocacia preventiva é minimizar o risco, evitando o processo. Em segundo lugar, ela visa facilitar uma futura e possível defesa.

10.5. CONCLUSÕES

É de vital importância que *web sites* e portais, principalmente antes de irem ao ar, ou mesmo depois, sejam analisados por uma assessoria jurídica especializada, visando minimizar os riscos jurídicos e, consequentemente, econômicos.

---

26. Contratos *click wrap* são aqueles cuja aceitação se dá por um simples "click" de mouse.
27. O *disclaimer* é uma declaração de renúncia a um direito ou de exoneração de uma responsabilidade. O *disclaimer* é necessário sempre que o usuário possa se confundir com uma informação e parta de pressupostos errados.

A grande dificuldade reside no fato de que esta área do conhecimento não é dominada pelos advogados em geral, nem mesmo pelo Poder Judiciário. Afinal, a legislação que trata do assunto é extremamente pequena e os projetos que tramitam pelo Congresso não conseguem ser aprovados na velocidade necessária.

Portanto, diante de um quadro de lacuna legislativa e de grandes dúvidas, principalmente nas mentes daqueles que têm o poder de julgar os problemas, TODO CUIDADO É POUCO e a prática do velho jargão *"é melhor prevenir do que remediar"* torna-se imperiosa no dia a dia da boa administração empresarial.

11
APÊNDICE

11.1. PREVENINDO PROBLEMAS AO ELABORAR E ASSINAR UM CONTRATO

A) O QUE DEVE SER FEITO

- Escreva o instrumento de contrato da forma mais clara possível.
- Redija o texto do contrato de maneira organizada e limpa, seguindo uma sequência lógica, mantendo o senso de padronização.
- Para traduzir com mais segurança a vontade das partes, é aconselhável que se usem expressões consagradas.
- Anexe e assine cópias dos documentos aos quais o instrumento faz referência.
- Confirme se a pessoa que está assinando o contrato tem capacidade e legitimação para assiná-lo.
- Respeite a legislação sobre contratos e a que regula o objeto do contrato.
- Cumpra rigorosamente com os ditames contratuais. Quem não cumpre com a sua parte não pode exigir que o outro cumpra com a parte dele.
- LEMBRE-SE: O QUE NÃO ESTÁ ESCRITO NO DOCUMENTO PODE SER MAIS IMPORTANTE DO QUE O QUE ESTÁ ESCRITO.
- Consulte SEMPRE um advogado especializado antes de assinar um instrumento de contrato.

B) O QUE NÃO PODE SER FEITO

- Assinar um contrato sem lê-lo previamente com atenção ou sem entender o seu conteúdo.

- Assinar um instrumento de contrato que não condiz com o que foi antecipadamente combinado.
- Deixar de colher as assinaturas das duas testemunhas.
- Celebrar um contrato sob forma diversa da qual determina a lei.
- Celebrar contratos com pessoas incapazes (*v.g.* menores de idade).
- Realizar ou aceitar uma proposta sem antes refletir bastante a respeito.
- Obrigar alguém a assinar um contrato.
- Firmar contrato cujo objeto seja ilegal.
- Ceder direitos ou obrigações sem a anuência do primeiro outorgante.
- JULGAR-SE AUTOSSUFICIENTE PARA ENTENDER O CONTEÚDO DE UM CONTRATO.
- Assinar um contrato sem solicitar a análise e visto prévios de um advogado especializado.

11.2. MODELO DE *CHECK LIST* PARA ANÁLISE DE CONTRATO

Contrato: _____ **Nº:** _____
Contratante: _____ **Contratado:** _____
Valor: _____ **Data:** _____

	Visto do departamento solicitante.
	Comparar título com o objeto.
	Qualificação completa das partes.
	Conferir dados com os documentos fornecidos (Contrato social; CNPJ; CPF).
	Não deixar campos em branco.
	Foro favorável e corretamente redigido.
	Número de cópias suficiente para todas as partes.
	A data deve estar preenchida.
	Assinatura de testemunhas.
	Carimbos e vistos, com ou sem ressalvas.

11.3. OS CONTRATOS NO CÓDIGO CIVIL BRASILEIRO LEI Nº 10.406, DE 10 DE JANEIRO DE 2002

PARTE ESPECIAL
LIVRO I – DO DIREITO DAS OBRIGAÇÕES
Título V – Dos Contratos em Geral
Capítulo I – Disposições Gerais
Seção I – Preliminares

Art. 421. A liberdade de contratar será exercida em razão e nos limites da função social do contrato.

Art. 422. Os contratantes são obrigados a guardar, assim na conclusão do contrato, como em sua execução, os princípios de probidade e boa-fé.

Art. 423. Quando houver no contrato de adesão cláusulas ambíguas ou contraditórias, dever-se-á adotar a interpretação mais favorável ao aderente.

Art. 424. Nos contratos de adesão, são nulas as cláusulas que estipulem a renúncia antecipada do aderente a direito resultante da natureza do negócio.

Art. 425. É lícito às partes estipular contratos atípicos, observadas as normas gerais fixadas neste Código.

Art. 426. Não pode ser objeto de contrato a herança de pessoa viva.

Seção II – Da Formação dos Contratos

Art. 427. A proposta de contrato obriga o proponente, se o contrário não resultar dos termos dela, da natureza do negócio, ou das circunstâncias do caso.

Art. 428. Deixa de ser obrigatória a proposta:

I – se, feita sem prazo a pessoa presente, não foi imediatamente aceita. Considera-se também presente a pessoa que contrata por telefone ou por meio de comunicação semelhante;

II – se, feita sem prazo a pessoa ausente, tiver decorrido tempo suficiente para chegar a resposta ao conhecimento do proponente;

III – se, feita a pessoa ausente, não tiver sido expedida a resposta dentro do prazo dado;

IV – se, antes dela, ou simultaneamente, chegar ao conhecimento da outra parte a retratação do proponente.

Art. 429. A oferta ao público equivale a proposta quando encerra os requisitos essenciais ao contrato, salvo se o contrário resultar das circunstâncias ou dos usos.

Parágrafo único. Pode revogar-se a oferta pela mesma via de sua divulgação, desde que ressalvada esta faculdade na oferta realizada.

Art. 430. Se a aceitação, por circunstância imprevista, chegar tarde ao conhecimento do proponente, este comunicá-lo-á imediatamente ao aceitante, sob pena de responder por perdas e danos.

Art. 431. A aceitação fora do prazo, com adições, restrições, ou modificações, importará nova proposta.

Art. 432. Se o negócio for daqueles em que não seja costume a aceitação expressa, ou o proponente a tiver dispensado, reputar-se-á concluído o contrato, não chegando a tempo a recusa.

Art. 433. Considera-se inexistente a aceitação, se antes dela ou com ela chegar ao proponente a retratação do aceitante.

Art. 434. Os contratos entre ausentes tornam-se perfeitos desde que a aceitação é expedida, exceto:

I – no caso do artigo antecedente;

II – se o proponente se houver comprometido a esperar resposta;

III – se ela não chegar no prazo convencionado.

Art. 435. Reputar-se-á celebrado o contrato no lugar em que foi proposto.

Seção III – Da Estipulação em Favor de Terceiro

Art. 436. O que estipula em favor de terceiro pode exigir o cumprimento da obrigação.

Parágrafo único. Ao terceiro, em favor de quem se estipulou a obrigação, também é permitido exigi-la, ficando, todavia, sujeito às condições e normas do contrato, se a ele anuir, e o estipulante não o inovar nos termos do art. 438.

Art. 437. Se ao terceiro, em favor de quem se fez o contrato, se deixar o direito de reclamar-lhe a execução, não poderá o estipulante exonerar o devedor.

Art. 438. O estipulante pode reservar-se o direito de substituir o terceiro designado no contrato, independentemente da sua anuência e da do outro contratante.

Parágrafo único. A substituição pode ser feita por ato entre vivos ou por disposição de última vontade.

Seção IV – Da Promessa de Fato de Terceiro

Art. 439. Aquele que tiver prometido fato de terceiro responderá por perdas e danos, quando este o não executar.

Parágrafo único. Tal responsabilidade não existirá se o terceiro for o cônjuge do promitente, dependendo da sua anuência o ato a ser praticado, e desde que, pelo regime do casamento, a indenização, de algum modo, venha a recair sobre os seus bens.

Art. 440. Nenhuma obrigação haverá para quem se comprometer por outrem, se este, depois de se ter obrigado, faltar à prestação.

Seção V – Dos Vícios Redibitórios

Art. 441. A coisa recebida em virtude de contrato comutativo pode ser enjeitada por vícios ou defeitos ocultos, que a tornem imprópria ao uso a que é destinada, ou lhe diminuam o valor.

Parágrafo único. É aplicável a disposição deste artigo às doações onerosas.

Art. 442. Em vez de rejeitar a coisa, redibindo o contrato (art. 441), pode o adquirente reclamar abatimento no preço.

Art. 443. Se o alienante conhecia o vício ou defeito da coisa, restituirá o que recebeu com perdas e danos; se o não conhecia, tão-somente restituirá o valor recebido, mais as despesas do contrato.

Art. 444. A responsabilidade do alienante subsiste ainda que a coisa pereça em poder do alienatário, se perecer por vício oculto, já existente ao tempo da tradição.

Art. 445. O adquirente decai do direito de obter a redibição ou abatimento no preço no prazo de trinta dias se a coisa for móvel, e de um ano se for imóvel, contado da entrega efetiva; se já estava na posse, o prazo conta-se da alienação, reduzido à metade.

§ 1º. Quando o vício, por sua natureza, só puder ser conhecido mais tarde, o prazo contar-se-á do momento em que dele tiver ciência, até o prazo máximo de cento e oitenta dias, em se tratando de bens móveis; e de um ano, para os imóveis.

§ 2º. Tratando-se de venda de animais, os prazos de garantia por vícios ocultos serão os estabelecidos em lei especial, ou, na falta desta, pelos usos locais, aplicando-se o disposto no parágrafo antecedente se não houver regras disciplinando a matéria.

Art. 446. Não correrão os prazos do artigo antecedente na constância de cláusula de garantia; mas o adquirente deve denunciar o defeito ao alienante nos trinta dias seguintes ao seu descobrimento, sob pena de decadência.

Seção VI – Da Evicção

Art. 447. Nos contratos onerosos, o alienante responde pela evicção. Subsiste esta garantia ainda que a aquisição se tenha realizado em hasta pública.

Art. 448. Podem as partes, por cláusula expressa, reforçar, diminuir ou excluir a responsabilidade pela evicção.

Art. 449. Não obstante a cláusula que exclui a garantia contra a evicção, se esta se der, tem direito o evicto a receber o preço que pagou pela coisa evicta, se não soube do risco da evicção, ou, dele informado, não o assumiu.

Art. 450. Salvo estipulação em contrário, tem direito o evicto, além da restituição integral do preço ou das quantias que pagou:

I – à indenização dos frutos que tiver sido obrigado a restituir;

II – à indenização pelas despesas dos contratos e pelos prejuízos que diretamente resultarem da evicção;

III – às custas judiciais e aos honorários do advogado por ele constituído.

Parágrafo único. O preço, seja a evicção total ou parcial, será o do valor da coisa, na época em que se evenceu, e proporcional ao desfalque sofrido, no caso de evicção parcial.

Art. 451. Subsiste para o alienante esta obrigação, ainda que a coisa alienada esteja deteriorada, exceto havendo dolo do adquirente.

Art. 452. Se o adquirente tiver auferido vantagens das deteriorações, e não tiver sido condenado a indenizá-las, o valor das vantagens será deduzido da quantia que lhe houver de dar o alienante.

Art. 453. As benfeitorias necessárias ou úteis, não abonadas ao que sofreu a evicção, serão pagas pelo alienante.

Art. 454. Se as benfeitorias abonadas ao que sofreu a evicção tiverem sido feitas pelo alienante, o valor delas será levado em conta na restituição devida.

Art. 455. Se parcial, mas considerável, for a evicção, poderá o evicto optar entre a rescisão do contrato e a restituição da parte do preço correspondente ao desfalque sofrido. Se não for considerável, caberá somente direito a indenização.

Art. 456. Para poder exercitar o direito que da evicção lhe resulta, o adquirente notificará do litígio o alienante imediato, ou qualquer dos anteriores, quando e como lhe determinarem as leis do processo.

Parágrafo único. Não atendendo o alienante à denunciação da lide, e sendo manifesta a procedência da evicção, pode o adquirente deixar de oferecer contestação, ou usar de recursos.

Art. 457. Não pode o adquirente demandar pela evicção, se sabia que a coisa era alheia ou litigiosa.

Seção VII – Dos Contratos Aleatórios

Art. 458. Se o contrato for aleatório, por dizer respeito a coisas ou fatos futuros, cujo risco de não virem a existir um dos contratantes assuma, terá o outro direito de receber integralmente o que lhe foi prometido, desde que de sua parte não tenha havido dolo ou culpa, ainda que nada do avençado venha a existir.

Art. 459. Se for aleatório, por serem objeto dele coisas futuras, tomando o adquirente a si o risco de virem a existir em qualquer quantidade, terá também direito o alienante a todo o preço, desde que de sua parte não tiver concorrido culpa, ainda que a coisa venha a existir em quantidade inferior à esperada.

Parágrafo único. Mas, se da coisa nada vier a existir, alienação não haverá, e o alienante restituirá o preço recebido.

Art. 460. Se for aleatório o contrato, por se referir a coisas existentes, mas expostas a risco, assumido pelo adquirente, terá igualmente direito o alienante a todo o preço, posto que a coisa já não existisse, em parte, ou de todo, no dia do contrato.

Art. 461. A alienação aleatória a que se refere o artigo antecedente poderá ser anulada como dolosa pelo prejudicado, se provar que o outro contratante não ignorava a consumação do risco, a que no contrato se considerava exposta a coisa.

Seção VIII – Do Contrato Preliminar

Art. 462. O contrato preliminar, exceto quanto à forma, deve conter todos os requisitos essenciais ao contrato a ser celebrado.

Art. 463. Concluído o contrato preliminar, com observância do disposto no artigo antecedente, e desde que dele não conste cláusula de arrependimento, qualquer das partes terá o direito de exigir a celebração do definitivo, assinando prazo à outra para que o efetive.

Parágrafo único. O contrato preliminar deverá ser levado ao registro competente.

Art. 464. Esgotado o prazo, poderá o juiz, a pedido do interessado, suprir a vontade da parte inadimplente, conferindo caráter definitivo ao contrato preliminar, salvo se a isto se opuser a natureza da obrigação.

Art. 465. Se o estipulante não der execução ao contrato preliminar, poderá a outra parte considerá-lo desfeito, e pedir perdas e danos.

Art. 466. Se a promessa de contrato for unilateral, o credor, sob pena de ficar a mesma sem efeito, deverá manifestar-se no prazo nela previsto, ou, inexistindo este, no que lhe for razoavelmente assinado pelo devedor.

Seção IX – Do Contrato com Pessoa a Declarar

Art. 467. No momento da conclusão do contrato, pode uma das partes reservar-se a faculdade de indicar a pessoa que deve adquirir os direitos e assumir as obrigações dele decorrentes.

Art. 468. Essa indicação deve ser comunicada à outra parte no prazo de cinco dias da conclusão do contrato, se outro não tiver sido estipulado.

Parágrafo único. A aceitação da pessoa nomeada não será eficaz se não se revestir da mesma forma que as partes usaram para o contrato.

Art. 469. A pessoa, nomeada de conformidade com os artigos antecedentes, adquire os direitos e assume as obrigações decorrentes do contrato, a partir do momento em que este foi celebrado.

Art. 470. O contrato será eficaz somente entre os contratantes originários:

I – se não houver indicação de pessoa, ou se o nomeado se recusar a aceitá-la;

II – se a pessoa nomeada era insolvente, e a outra pessoa o desconhecia no momento da indicação.

Art. 471. Se a pessoa a nomear era incapaz ou insolvente no momento da nomeação, o contrato produzirá seus efeitos entre os contratantes originários.

CAPÍTULO II – DA EXTINÇÃO DO CONTRATO

Seção I – Do Distrato

Art. 472. O distrato faz-se pela mesma forma exigida para o contrato.

Art. 473. A resilição unilateral, nos casos em que a lei expressa ou implicitamente o permita, opera mediante denúncia notificada à outra parte.

Parágrafo único. Se, porém, dada a natureza do contrato, uma das partes houver feito investimentos consideráveis para a sua execução, a denúncia unilateral só produzirá efeito depois de transcorrido prazo compatível com a natureza e o vulto dos investimentos.

Seção II – Da Cláusula Resolutiva

Art. 474. A cláusula resolutiva expressa opera de pleno direito; a tácita depende de interpelação judicial.

Art. 475. A parte lesada pelo inadimplemento pode pedir a resolução do contrato, se não preferir exigir-lhe o cumprimento, cabendo, em qualquer dos casos, indenização por perdas e danos.

Seção III – Da Exceção de Contrato não Cumprido

Art. 476. Nos contratos bilaterais, nenhum dos contratantes, antes de cumprida a sua obrigação, pode exigir o implemento da do outro.

Art. 477. Se, depois de concluído o contrato, sobrevier a uma das partes contratantes diminuição em seu patrimônio capaz de comprometer ou tornar duvidosa a prestação pela qual se obrigou, pode a outra recusar-se à prestação que lhe incumbe, até que aquela satisfaça a que lhe compete ou dê garantia bastante de satisfazê-la.

Seção IV – Da Resolução por Onerosidade Excessiva

Art. 478. Nos contratos de execução continuada ou diferida, se a prestação de uma das partes se tornar excessivamente onerosa, com extrema vantagem para a outra, em virtude de acontecimentos extraordinários e imprevisíveis, poderá o devedor pedir a resolução do contrato. Os efeitos da sentença que a decretar retroagirão à data da citação.

Art. 479. A resolução poderá ser evitada, oferecendo-se o réu a modificar equitativamente as condições do contrato.

Art. 480. Se no contrato as obrigações couberem a apenas uma das partes, poderá ela pleitear que a sua prestação seja reduzida, ou alterado o modo de executá-la, a fim de evitar a onerosidade excessiva.

11.4. CONTRATOS NO CÓDIGO DE DEFESA DO CONSUMIDOR LEI Nº 8.078, DE 11 DE SETEMBRO DE 1990

TÍTULO I – DOS DIREITOS DO CONSUMIDOR

Capítulo IV – Da Qualidade de Produtos e Serviços, da Prevenção e da Reparação dos Danos

Seção III – Da Responsabilidade por Vício do Produto e do Serviço

Art. 18. Os fornecedores de produtos de consumo duráveis ou não duráveis respondem solidariamente pelos vícios de qualidade ou quantidade que os tornem impróprios ou inadequados ao consumo a que se destinam ou lhes diminuam o valor, assim como por aqueles decorrentes da disparidade, com as indicações constantes do recipiente, da embalagem, rotulagem ou mensagem publicitária, respeitadas as variações decorrentes de sua natureza, podendo o consumidor exigir a substituição das partes viciadas.

§ 1º. Não sendo o vício sanado no prazo máximo de 30 (trinta) dias, pode o consumidor exigir, alternativamente e à sua escolha:

I – a substituição do produto por outro da mesma espécie, em perfeitas condições de uso;

II – a restituição imediata da quantia paga, monetariamente atualizada, sem prejuízo de eventuais perdas e danos;

III – o abatimento proporcional do preço.

§ 2º. Poderão as partes convencionar a redução ou ampliação do prazo previsto no parágrafo anterior, não podendo ser inferior a 7 (sete) nem superior a 180 (cento e oitenta) dias. Nos contratos de adesão, a cláusula de prazo deverá ser convencionada em separado, por meio de manifestação expressa do consumidor.

§ 3º. O consumidor poderá fazer uso imediato das alternativas do § 1º deste artigo sempre que, em razão da extensão do vício, a substituição das partes viciadas puder comprometer a qualidade ou características do produto, diminuir-lhe o valor ou se tratar de produto essencial.

§ 4º. Tendo o consumidor optado pela alternativa do inciso I do § 1º deste artigo, e não sendo possível a substituição do bem, poderá haver substituição por outro de espécie, marca ou modelo diversos, mediante complementação ou restituição de eventual diferença de preço, sem prejuízo do disposto nos incisos II e III do § 1º deste artigo.

§ 5º. No caso de fornecimento de produtos *in natura*, será responsável perante o consumidor o fornecedor imediato, exceto quando identificado claramente seu produtor.

§ 6º. São impróprios ao uso e ao consumo:

I – os produtos cujos prazos de validade estejam vencidos;

II – os produtos deteriorados, alterados, adulterados, avariados, falsificados, corrompidos, fraudados, nocivos à vida ou à saúde, perigosos ou, ainda, aqueles em desacordo com as normas regulamentares de fabricação, distribuição ou apresentação;

III – os produtos que, por qualquer motivo, se revelem inadequados ao fim a que se destinam.

Capítulo V – Das Práticas Comerciais

Seção II – Da Oferta

Art. 30. Toda informação ou publicidade, suficientemente precisa, veiculada por qualquer forma ou meio de comunicação com relação a produtos e serviços oferecidos ou apresentados, obriga o fornecedor que a fizer veicular ou dela se utilizar e integra o contrato que vier a ser celebrado.

Art. 35. Se o fornecedor de produtos ou serviços recusar cumprimento à oferta, apresentação ou publicidade, o consumidor poderá, alternativamente e à sua livre escolha:

I – exigir o cumprimento forçado da obrigação, nos termos da oferta, apresentação ou publicidade;

II – aceitar outro produto ou prestação de serviço equivalente;

III – rescindir o contrato, com direito à restituição de quantia eventualmente antecipada, monetariamente atualizada, e a perdas e danos.

Capítulo VI – Da Proteção Contratual

Seção I – Disposições Gerais

Art. 46. Os contratos que regulam relações de consumo não obrigarão os consumidores, se não lhes for dada a oportunidade de tomar conhecimento prévio de seu conteúdo, ou se os respectivos instrumentos forem redigidos de modo a dificultar a compreensão de seu sentido e alcance.

Art. 47. As cláusulas contratuais serão interpretadas de maneira mais favorável ao consumidor.

Art. 48. As declarações de vontade constantes de escritos particulares, recibos e pré-contratos relativos às relações de consumo vinculam o fornecedor, ensejando inclusive execução específica, nos termos do art. 84 e parágrafos.

Art. 49. O consumidor pode desistir do contrato, no prazo de 07 (sete) dias a contar de sua assinatura ou do ato de recebimento do produto ou serviço, sempre que a contratação de fornecimento de produtos e serviços ocorrer fora do estabelecimento comercial, especialmente por telefone ou a domicílio.

Parágrafo único. Se o consumidor exercitar o direito de arrependimento previsto neste artigo, os valores eventualmente pagos, a qualquer título, durante o prazo de reflexão, serão devolvidos, de imediato, monetariamente atualizados.

Art. 50. A garantia contratual é complementar à legal e será conferida mediante termo escrito.

Parágrafo único. O termo de garantia ou equivalente deve ser padronizado e esclarecer, de maneira adequada, em que consiste a mesma garantia, bem como a forma, o prazo e o lugar em que pode ser exercitada e os ônus a cargo do consumidor, devendo ser-lhe entregue, devidamente preenchido pelo fornecedor, no ato do fornecimento, acompanhado de manual de instrução, de instalação e uso de produto em linguagem didática, com ilustrações.

Seção II – Das Cláusulas Abusivas

Art. 51. São nulas de pleno direito, entre outras, as cláusulas contratuais relativas ao fornecimento de produtos e serviços que:

I – impossibilitem, exonerem ou atenuem a responsabilidade do fornecedor por vícios de qualquer natureza dos produtos e serviços ou impliquem renúncia ou disposição de direitos. Nas relações de consumo entre o fornecedor e o consumidor-pessoa jurídica, a indenização poderá ser limitada, em situações justificáveis;

II – subtraiam ao consumidor a opção de reembolso da quantia já paga, nos casos previstos neste Código;

III – transfiram responsabilidades a terceiros;

IV – estabeleçam obrigações consideradas iníquas, abusivas, que coloquem o consumidor em desvantagem exagerada, ou sejam incompatíveis com a boa-fé ou a equidade;

V – (Vetado);

VI – estabeleçam inversão do ônus da prova em prejuízo do consumidor;

VII – determinem a utilização compulsória de arbitragem;

VIII – imponham representante para concluir ou realizar outro negócio jurídico pelo consumidor;

IX – deixem ao fornecedor a opção de concluir ou não o contrato, embora obrigando o consumidor;

X – permitam ao fornecedor, direta ou indiretamente, variação do preço de maneira unilateral;

XI – autorizem o fornecedor a cancelar o contrato unilateralmente, sem que igual direito seja conferido ao consumidor;

XII – obriguem o consumidor a ressarcir os custos de cobrança de sua obrigação, sem que igual direito lhe seja conferido contra o fornecedor;

XIII – autorizem o fornecedor a modificar unilateralmente o conteúdo ou a qualidade do contrato, após sua celebração;

XIV – infrinjam ou possibilitem a violação de normas ambientais;

XV – estejam em desacordo com o sistema de proteção ao consumidor;

XVI – possibilitem a renúncia do direito de indenização por benfeitorias necessárias.

§ 1º. Presume-se exagerada, entre outros casos, a vantagem que:

I – ofende os princípios fundamentais do sistema jurídico a que pertence;

II – restringe direitos ou obrigações fundamentais inerentes à natureza do contrato, de tal modo a ameaçar seu objeto ou o equilíbrio contratual;

III – se mostra excessivamente onerosa para o consumidor, considerando-se a natureza e conteúdo do contrato, o interesse das partes e outras circunstâncias peculiares ao caso.

§ 2º. A nulidade de uma cláusula contratual abusiva não invalida o contrato, exceto quando de sua ausência, apesar dos esforços de integração, decorrer ônus excessivo a qualquer das partes.

§ 3º. (Vetado).

§ 4º. É facultado a qualquer consumidor ou entidade que o represente requerer ao Ministério Público que ajuíze a competente ação para ser declarada a nulidade de cláusula contratual que contrarie o disposto neste Código ou de qualquer forma não assegure o justo equilíbrio entre os direitos e obrigações das partes.

- *PORTARIAS MJ/SDE QUE ESTABELECEM AS CLÁUSULAS NULAS DE PLENO DIREITO:*
- *PORTARIA MJ/SDE Nº 4, DE 13 DE MARÇO DE 1998 – SÃO NULAS AS CLÁUSULAS QUE:*

1. estabeleçam prazos de carência na prestação ou fornecimento de serviços, em caso de impontualidade das prestações ou mensalidades;

2. imponham, em caso de impontualidade, interrupção de serviço essencial, sem aviso prévio;

3. não restabeleçam integralmente os direitos do consumidor a partir da purgação da mora;

4. impeçam o consumidor de se beneficiar do evento, constante de termo de garantia contratual, que lhe seja mais favorável.

5. estabeleçam a perda total ou desproporcionada das prestações pagas pelo consumidor, em benefício do credor, que, em razão de desistência ou inadimplemento, pleitear a resilição ou resolução do contrato, ressalvada a cobrança judicial de perdas e danos comprovadamente sofridos;

6. estabeleçam sanções em caso de atraso ou descumprimento da obrigação somente em desfavor do consumidor;

7. estabeleçam cumulativamente a cobrança de comissão de permanência e correção monetária;

8. elejam foro para dirimir conflitos decorrentes de relações de consumo diverso daquele onde reside o consumidor;

9. (revogado);

- *Item 9 revogado pela Portaria nº 17, de 22.6.2004.*

10. impeçam, restrinjam ou afastem a aplicação das normas do código de defesa do consumidor nos conflitos decorrentes de contratos de transporte aéreo;

11. atribuam ao fornecedor o poder de escolha entre múltiplos índices de reajuste, entre os admitidos legalmente;

12. permitam ao fornecedor emitir títulos de crédito em branco ou livremente circuláveis por meio de endosso na representação de toda e qualquer obrigação assumida pelo consumidor;

13. estabeleçam a devolução de prestações pagas, sem que os valores sejam corrigidos monetariamente;

14. imponham limite ao tempo de internação hospitalar, que não o prescrito pelo médico.

- ***PORTARIA MJ/SDE Nº 3, DE 19 DE MARÇO DE 1999 – SÃO NULAS AS CLÁUSULAS QUE:***
1. determinem aumentos de prestações nos contratos de planos e seguros de saúde, firmados anteriormente à Lei nº 9.656, de 3 de junho de 1998, por mudanças de faixas etárias sem previsão expressa e definida;

2. imponham, em contratos de planos de saúde firmados anteriormente à Lei nº 9.656/1998, limites ou restrições a procedimentos médicos (consultas, exames médicos, laboratoriais e internações hospitalares, UTI e similares) contrariando prescrições médica;

3. permitam ao fornecedor de serviço essencial (água, energia elétrica, telefonia) incluir na conta, sem autorização expressa do consumidor, a cobrança de outros serviços. Excetuam-se os casos em que a prestadora do serviço essencial informe e disponibilize gratuitamente ao consumidor a opção de bloqueio prévio da cobrança ou utilização dos serviços de valor adicionado;

4. estabeleçam prazos de carência para cancelamento do contrato de cartão de crédito;

5. imponham o pagamento antecipado referente a períodos superiores a 30 dias pela prestação de serviços educacionais ou similares;

6. estabeleçam, nos contratos de prestação de serviços educacionais, a vinculação à aquisição de outros produtos ou serviços;

7. estabeleçam que o consumidor reconheça que o contrato acompanhado do extrato demonstrativo da conta corrente bancária constituem título executivo extrajudicial, para os fins do artigo 585, II, do Código de Processo Civil;

8. estipulem o reconhecimento, pelo consumidor, de que os valores lançados no extrato da conta corrente ou na fatura do cartão de crédito constituem dívida líquida, certa e exigível;

9. estabeleçam a cobrança de juros capitalizados mensalmente;

10. imponham, em contratos de consórcios, o pagamento de percentual a título de taxa de administração futura, pelos consorciados desistentes ou excluídos;

11. estabeleçam, nos contratos de prestação de serviços educacionais e similares, multa moratória superior a 2% (dois por cento);

12. exijam a assinatura de duplicatas, letras de câmbio, notas promissórias ou quaisquer outros títulos de crédito em branco;

13. subtraiam ao consumidor, nos contratos de seguro, o recebimento de valor inferior ao contratado na apólice;

14. prevejam em contratos de arrendamento mercantil (*leasing*) a exigência, a título de indenização, do pagamento das parcelas vincendas, no caso de restituição do bem;

15. estabeleçam, em contrato de arrendamento mercantil (*leasing*), a exigência do pagamento antecipado do Valor Residual Garantido (VRG), sem previsão de devolução desse montante, corrigido monetariamente, se não exercida a opção de compra do bem.

- *PORTARIA MJ/SDE Nº 3, DE 15 DE MARÇO DE 2001 – SÃO NULAS AS CLÁUSULAS QUE:*

1. estipule presunção de conhecimento por parte do consumidor de fatos novos não previstos em contrato;

2. estabeleça restrições ao direito do consumidor de questionar nas esferas administrativa e judicial possíveis lesões decorrentes de contrato por ele assinado;

3. imponha a perda de parte significativa das prestações já quitadas em situações de venda a crédito, em caso de desistência por justa causa ou impossibilidade de cumprimento da obrigação pelo consumidor;

4. estabeleça cumulação de multa rescisória e perda do valor das arras;

5. estipule a utilização expressa ou não, de juros capitalizados nos contratos civis;

6. autorize, em virtude de inadimplemento, o não fornecimento ao consumidor de informações de posse do fornecedor, tais como: histórico escolar, registros médicos, e demais do gênero;

7. autorize o envio do nome do consumidor e/ou seus garantes a cadastros de consumidores (SPC, SERASA, etc.), enquanto houver discussão em juízo relativa à relação de consumo;

8. considere, nos contratos bancários, financeiros e de cartões de crédito, o silêncio do consumidor, pessoa física, como aceitação tácita dos valores cobrados, das informações prestadas nos extratos ou aceitação de modificações de índices ou de quaisquer alterações contratuais;

9. permita à instituição bancária retirar da conta corrente do consumidor ou cobrar restituição deste dos valores usados por terceiros, que de forma ilícita estejam de posse de seus cartões bancários ou cheques, após comunicação de roubo, furto ou desaparecimento suspeito ou requisição de bloqueio ou final de conta;

10. exclua, nos contratos de seguro de vida, a cobertura de evento decorrente de doença preexistente, salvo as hipóteses em que a seguradora comprove que o consumidor tinha conhecimento da referida doença à época da contratação;

11. (revogado);

- *Item 11 revogado pela Portaria nº 24, de 7.12.2004.*

12. preveja, nos contratos de seguro de automóvel, o ressarcimento pelo valor de mercado, se inferior ao previsto no contrato;

13. impeça o consumidor de acionar, em caso de erro médico, diretamente a operadora ou cooperativa que organiza ou administra o plano privado de assistência à saúde;

14. estabeleça, no contrato de venda e compra de imóvel, a incidência de juros antes da entrega das chaves;

15. preveja, no contrato de promessa de venda e compra de imóvel, que o adquirente autorize ao incorporador alienante constituir hipoteca do terreno e de suas acessões (unidades construídas) para garantir dívida da empresa incorporadora, realizada para financiamento de obras;

16. vede, nos serviços educacionais, em face de desistência pelo consumidor, a restituição de valor pago a título de pagamento antecipado de mensalidade.

- ***PORTARIA MJ/SDE Nº 5, DE 27 DE AGOSTO DE 2002 – SÃO NULAS AS CLÁUSULAS QUE:***

I – autorize o envio do nome do consumidor, e/ou seus garantes, a bancos de dados e cadastros de consumidores, sem comprovada notificação prévia;

II – imponha ao consumidor, nos contratos de adesão, a obrigação de manifestar-se contra a transferência, onerosa ou não, para terceiros, dos dados cadastrais confiados ao fornecedor;

III – autorize o fornecedor a investigar a vida privada do consumidor;

IV – imponha em contratos de seguro-saúde, firmados anteriormente à Lei nº 9.656, de 3 de junho de 1998, limite temporal para internação hospitalar;

V – prescreva, em contrato de plano de saúde ou seguro-saúde, a não cobertura de doenças de notificação compulsória.

Art. 52. No fornecimento de produtos ou serviços que envolva outorga de crédito ou concessão de financiamento ao consumidor, o fornecedor deverá, entre outros requisitos, informá-lo prévia e adequadamente sobre:

I – preço do produto ou serviço em moeda corrente nacional;

II – montante dos juros de mora e da taxa efetiva anual de juros;

III – acréscimos legalmente previstos;

IV – número e periodicidade das prestações;
V – soma total a pagar, com e sem financiamento.

§ 1º. As multas de mora decorrentes do inadimplemento de obrigações no seu termo não poderão ser superiores a 2% (dois por cento) do valor da prestação.
 • *§ 1º com redação dada pela Lei nº 9.298, de 1º.8.1996.*

§ 2º. É assegurada ao consumidor a liquidação antecipada do débito, total ou parcialmente, mediante redução proporcional dos juros e demais acréscimos.

§ 3º. (Vetado).

Art. 53. Nos contratos de compra e venda de móveis ou imóveis mediante pagamento em prestações, bem como nas alienações fiduciárias em garantia, consideram-se nulas de pleno direito as cláusulas que estabeleçam a perda total das prestações pagas em benefício do credor que, em razão do inadimplemento, pleitear a resolução do contrato e a retomada do produto alienado.

§ 1º. (Vetado).

§ 2º. Nos contratos do sistema de consórcio de produtos duráveis, a compensação ou a restituição das parcelas quitadas, na forma deste artigo, terá descontada, além da vantagem econômica auferida com a fruição, os prejuízos que o desistente ou inadimplente causar ao grupo.

§ 3º. Os contratos de que trata o *caput* deste artigo serão expressos em moeda corrente nacional.

Seção III – Dos Contratos de Adesão

Art. 54. Contrato de adesão é aquele cujas cláusulas tenham sido aprovadas pela autoridade competente ou estabelecidas unilateralmente pelo fornecedor de produtos ou serviços, sem que o consumidor possa discutir ou modificar substancialmente seu conteúdo.

§ 1º. A inserção de cláusula no formulário não desfigura a natureza de adesão do contrato.

§ 2º. Nos contratos de adesão admite-se cláusula resolutória, desde que alternativa, cabendo a escolha ao consumidor, ressalvando-se o disposto no § 2º do artigo anterior.

§ 3º. Os contratos de adesão escritos serão redigidos em termos claros e com caracteres ostensivos e legíveis, cujo tamanho da fonte não será inferior ao corpo doze, de modo a facilitar sua compreensão pelo consumidor.
 • *§ 3º com redação dada pela Lei nº 11.785, de 22.9.2008.*

§ 4º. As cláusulas que implicarem limitação de direito do consumidor deverão ser redigidas com destaque, permitindo sua imediata e fácil compreensão.

§ 5º. (Vetado).

11.5. CONTRATOS NA CONVENÇÃO DE DIREITO INTERNACIONAL PRIVADO – CÓDIGO DE BUSTAMANTE

DECRETO Nº 18.871, DE 13 DE AGOSTO DE 1929

TÍTULO QUARTO – DAS OBRIGAÇÕES E CONTRATOS

Capítulo I – Das Obrigações em Geral

Art. 164. O conceito e a classificação das obrigações subordinam-se à lei territorial.

Art. 165. As obrigações derivadas da lei regem-se pelo direito que as tiver estabelecido.

Art. 166. As obrigações que nascem dos contratos têm força da lei entre as partes contratantes e devem cumprir-se segundo o teor dos mesmos, salvo as limitações estabelecidas neste Código.

Art. 167. As obrigações originadas por delitos ou faltas estão sujeitas ao mesmo direito que o delito ou falta de que procedem.

Art. 168. As obrigações que derivem de atos ou omissões, em que intervenha culpa ou negligência não punida pela lei, reger-se-ão pelo direito do lugar em que tiver ocorrido a negligência ou culpa que as origine.

Art. 169. A natureza e os efeitos das diversas categorias de obrigações, assim como a sua extinção, regem-se pela lei da obrigação de que se trate.

Art. 170. Não obstante o disposto no artigo anterior, a lei local regula as condições do pagamento e a moeda em que se deve fazer.

Art. 171. Também se submete à lei do lugar a determinação de quem deve satisfazer às despesas judiciais que o pagamento originar, assim como a sua regulamentação.

Art. 172. A prova das obrigações subordina-se, quanto à sua admissão e eficácia, à lei que reger a mesma obrigação.

Art. 173. A impugnação da certeza do lugar da outorga de um documento particular, se influir na sua eficácia, poderá ser feita sempre pelo terceiro a quem prejudicar, e a prova ficará a cargo de quem a apresentar.

Art. 174. A presunção de coisa julgada por sentença estrangeira será admissível, sempre que a sentença reunir as condições necessárias para a sua execução no território, conforme o presente Código.

Capítulo II – Dos Contratos em Geral

Art. 175. São regras de ordem pública internacional as que vedam o estabelecimento de pactos, cláusulas e condições contrarias às leis, à moral e à ordem pública e as que proíbem o juramento e o consideram sem valor.

Art. 176. Dependem da lei pessoal de cada contratante as regras que determinam a capacidade ou a incapacidade para prestar o consentimento.

Art. 177. Aplicar-se-á a lei territorial ao erro, à violência, à intimidação e ao dolo, em relação ao consentimento.

Art. 178. É também territorial toda regra que proíbe sejam objeto de contrato serviços contrários às leis e nos bons costumes e coisas que estejam fora do comércio.

Art. 179. São de ordem pública internacional as disposições que se referem à causa ilícita nos contratos.

Art. 180. Aplicar-se-ão simultaneamente a lei do lugar do contrato e a da sua execução, à necessidade de outorgar escritura ou documento publico para a eficácia de determinados convênios e à de os fazer constar por escrito.

Art. 181. A rescisão dos contratos, por incapacidade ou ausência, determina-se pela lei pessoal do ausente ou incapaz.

Art. 182. As demais causas de rescisão e sua forma e efeitos subordinam-se à lei territorial.

Art. 183. As disposições sobre nulidade dos contratos são submetidas à lei de que dependa a causa da nulidade.

Art. 184. A interpretação dos contratos deve efetuar-se, como regra geral, de acordo com a lei que os rege.

Contudo, quando essa lei for discutida e deva resultar da vontade tácita das partes, aplicar-se-á, por presunção, a legislação que para esse caso se determina nos arts. 185 e 186, ainda que isso leve a aplicar ao contrato uma lei distinta, como resultado da interpretação da vontade.

Art. 185. Fora das regras já estabelecidas e das que no futuro se consignem para os casos especiais, nos contratos de adesão presume-se aceita, na falta de vontade expressa ou tácita, a lei de quem os oferece ou prepara.

Art. 186. Nos demais contratos, e para o caso previsto no artigo anterior, aplicar-se-á em primeiro lugar a lei pessoal comum aos contratantes e, na sua falta, a do lugar da celebração.

Capítulo III – Dos Contratos Matrimoniais em Relação aos Bens

Art. 187. Os contratos matrimoniais regem-se pela lei pessoal comum aos contratantes e, na sua falta, pela do primeiro domicílio matrimonial.

Essas mesmas leis determinam, nessa ordem, o regime legal supletivo, na falta de estipulação.

Art. 188. É de ordem pública internacional o preceito que veda celebrar ou modificar contratos nupciais na constância do matrimônio, ou que se altere o regime de bens por mudanças de nacionalidade ou de domicílio posteriores ao mesmo.

Art. 189. Têm igual caráter os preceitos que se referem à rigorosa aplicação das leis e dos bons costumes, aos efeitos dos contratos nupciais em relação a terceiros e à sua forma solene.

Art. 190. A vontade das partes regula o direito aplicável às doações por motivo de matrimônio, exceto no que se refere à capacidade dos contratantes, à salvaguarda de direitos dos herdeiros legítimos e à sua nulidade, enquanto o matrimônio subsistir, subordinando-se tudo à lei geral que o regular e desde que a ordem pública internacional não seja atingida.

Art. 191. As disposições relativas ao dote e aos bens parafernais dependem da lei pessoal da mulher.

Art. 192. É de ordem pública internacional o preceito que repudia a inalienabilidade do dote.

Art. 193. É de ordem pública internacional a proibição de renunciar à comunhão de bens adquiridos durante o matrimônio.

Capítulo IV – Da Compra e Venda, Cessão de Crédito e Permuta

Art. 194. São de ordem pública internacional as disposições relativas à alienação forçada por utilidade publica.

Art. 195. O mesmo sucede com as disposições que fixam os efeitos da posse e do registro entre vários adquirentes e as referentes à remissão legal.

Capítulo V – Do Arrendamento

Art. 196. No arrendamento de coisas, deve aplicar-se a lei territorial às medidas para salvaguarda do interesse de terceiros e aos direitos e deveres do comprador de imóvel arrendado.

Art. 197. É de ordem pública internacional, na locação de serviços, a regra que impede contratá-los por toda a vida ou por mais de certo tempo.

Art. 198. Também é territorial a legislação sobre acidentes do trabalho e proteção social do trabalhador.

Art. 199. São territoriais, quanto aos transportes por água, terra e ar, as leis e regulamentos locais e especiais.

Capítulo VI – Dos Foros

Art. 200. Aplica-se a lei territorial à determinação do conceito e categorias dos foros, seu caráter remissível, sua prescrição e à ação real que deles deriva.

Art. 201. Para o foro enfitêutico, são igualmente territoriais as disposições que fixam as duas condições e formalidades, que lhe impõem um reconhecimento ao fim de certo numero de anos e que proíbem a sub-enfiteuse.

Art. 202. No foro consignativo, é de ordem pública internacional a regra que proíbe que o pagamento em frutos possa consistir em uma parte alíquota do que produza a propriedade aforada.

Art. 203. Tem o mesmo caráter, no foro reservativo, a exigência de que se valorize a propriedade aforada.

Capítulo VII – Da Sociedade

Art. 204. São leis territoriais as que exigem, na sociedade um objeto lícito, formas solenes, e inventários, quando haja imóveis.

Capítulo VIII – Do Empréstimo

Art. 205. Aplica-se a lei local à necessidade do pacto expresso de juros e sua taxa.

Capítulo IX – Do Depósito

Art. 206. São territoriais as disposições referentes ao depósito necessário e ao sequestro.

Capítulo X – Dos Contratos Aleatórios

Art. 207. Os efeitos das capacidades, em ações nascidas do contrato de jogo, determinam-se pela lei pessoal do interessado.
Art. 208. A lei local define os contratos dependentes de sorte e determina o jogo e a aposta permitidos ou proibidos.
Art. 209. É territorial a disposição que declara nula a renda vitalícia sobre a vida de uma pessoa, morta na data da outorga, ou dentro de certo prazo, se estiver padecendo de doença incurável.

Capítulo XI – Das Transações e Compromissos

Art. 210. São territoriais as disposições que proíbem transigir ou sujeitar a compromissos determinadas matérias.
Art. 211. A extensão e efeitos do compromisso e a autoridade de coisa julgada da transação dependem também da lei territorial.

Capítulo XII – Da Fiança

Art. 212. É de ordem pública internacional a regra que proíbe ao fiador obrigar-se por mais do que o devedor principal.
Art. 213. Correspondem à mesma categoria as disposições relativas à fiança legal ou judicial.

Capítulo XIII – Do Penhor, Da Hipoteca e da Anticrese

Art. 214. É territorial a disposição que proíbe ao credor apropriar-se das coisas recebidas como penhor ou hipoteca.
Art. 215. Também o são os preceitos que determinam os requisitos essenciais do contrato de penhor, e eles devem vigorar quando o objeto penhorado se transfira a outro lugar onde as regras sejam diferentes das exigidas ao celebrar-se o contrato.
Art. 216. São igualmente territoriais as prescrições em virtude das quais o penhor deva ficar em poder do credor ou de um terceiro, as que exijam, para valer

contra terceiros, que conste, por instrumento público, a data certa e as que fixem o processo para a sua alienação.

Art. 217. Os regulamentos especiais de montes de socorro e estabelecimentos públicos análogos são obrigatórios territorialmente para todas as operações que com eles se realizem.

Art. 218. São territoriais as disposições que fixam o objeto, as condições, os requisitos, o alcance e a inscrição do contrato de hipoteca.

Art. 219. É igualmente territorial a proibição de que o credor adquira a propriedade do imóvel em anticrese, por falta do pagamento da divida.

Capítulo XIV – Dos Quase-Contratos

Art. 220. A gestão de negócios alheios é regulada pela lei do lugar em que se efetuar.

Art. 221. A cobrança do indébito submete-se à lei pessoal comum das partes e, na sua falta, à do lugar em que se fizer o pagamento.

Art. 222. Os demais quase-contratos subordinam-se à lei que regule a instituição jurídica que os origine.

Capítulo XV – Do Concurso e Preferência de Créditos

Art. 223. Se as obrigações concorrentes não têm caráter real e estão submetidas a uma lei comum, a dita lei regulará também a sua preferência.

Art. 224. As obrigações garantidas com ação real, aplicar-se-á a lei da situação da garantia.

Art. 225. Fora dos casos previstos nos artigos anteriores, deve aplicar-se à preferência de créditos a lei do tribunal que tiver que a decidir.

Art. 226. Se a questão for apresentada, simultaneamente em mais de um tribunal de Estados diversos, resolver-se-á de acordo com a lei daquele que tiver realmente sob a sua jurisdição os bens ou numerário em que se deva fazer efetiva a preferência.

Capítulo XVI – Da Prescrição

Art. 227. A prescrição aquisitiva de bens moveis ou imóveis é regulada pela lei do lugar em que estiverem situados.

Art. 228. Se as coisas móveis mudarem de situação, estando a caminho de prescrever, será regulada a prescrição pela lei do lugar em que se encontrarem ao completar-se o tempo requerido.

Art. 229. A prescrição extintiva de ações pessoais é regulada pela lei a que estiver sujeita a obrigação que se vai extinguir.

Art. 230. A prescrição extintiva de ações reais é regulada pela lei do lugar em que esteja situada a coisa a que se refira.

Art. 231. Se, no caso previsto no artigo anterior, se tratar de coisas móveis que tiverem mudado de lugar durante o prazo da prescrição, aplicar-se-á a lei do lugar em que se encontrarem ao completar-se o período ali marcado para a prescrição.

LIVRO SEGUNDO – DIREITO COMERCIAL INTERNACIONAL

TÍTULO PRIMEIRO – DOS COMERCIANTES E DO COMÉRCIO EM GERAL

Capítulo I – Dos Comerciantes

Art. 232. A capacidade para exercer o comércio e para intervir em atos e contratos comerciais é regulada pela lei pessoal de cada interessado.

Art. 233. A essa mesma lei pessoal se subordinam as incapacidades e a sua habilitação.

Art. 234. A lei do lugar em que o comércio se exerce deve aplicar-se às medidas de publicidade necessárias para que se possam dedicar a ele, por meio de seus representantes, os incapazes, ou, por si mesmas, as mulheres casadas.

Art. 235. A lei local deve aplicar-se à incompatibilidade para o exercício do comércio pelos empregados públicos e pelos agentes de comércio e corretores.

Art. 236. Toda incompatibilidade para o comércio, que resultar de leis ou disposições especiais em determinado território, será regida pelo direito desse território.

Art. 237. A dita incompatibilidade, quanto a funcionários diplomáticos e agentes consulares, será regulada pela lei do Estado que os nomear. O país onde residirem tem igualmente o direito de lhes proibir o exercício do comércio.

Art. 238. O contrato social ou a lei a que o mesmo fique sujeito aplica-se à proibição de que os sócios coletivos ou comanditários realizem, por conta própria ou alheia, operações mercantis ou determinada classe destas.

Capítulo II – Da Qualidade de Comerciante e dos Atos de Comércio

Art. 239. Para todos os efeitos de caráter público, a qualidade do comerciante é determinada pela lei do lugar em que se tenha realizado o ato ou exercido a indústria de que se trate.

Art. 240. A forma dos contratos e atos comerciais é subordinada à lei territorial.

Capítulo III – Do Registro Mercantil

Art. 241. São territoriais as disposições relativas à inscrição, no registro mercantil, dos comerciantes e sociedades estrangeiras.

Art. 242. Têm o mesmo caráter as regras que estabelecem o efeito da inscrição, no dito registro, de créditos ou direitos de terceiros.

Capítulo IV – Dos Lugares e Casas de Bolsa e Cotação Oficial de Títulos Públicos e Documentos de Crédito ao Portador

Art. 243. As disposições relativas aos lugares e casas de bolsa e cotação oficial de títulos públicos e documentos de crédito ao portador são de ordem pública internacional.

Capítulo V – Disposições Gerais sobre os Contratos de Comércio

Art. 244. Aplicar-se-ão aos contratos de comércio as regras gerais estabelecidas para os contratos civis no Capítulo segundo, Título quarto, Livro primeiro deste Código.

Art. 245. Os contratos por correspondência só ficarão perfeitos mediante o cumprimento das condições que para esse efeito indicar a legislação de todos os contratantes.

Art. 246. São de ordem pública internacional as disposições relativas a contratos ilícitos e a prazos de graça, cortesia e outros análogos.

TÍTULO SEGUNDO – DOS CONTRATOS ESPECIAIS DE COMÉRCIO

Capítulo I – Das Companhias Comerciais

Art. 247. O caráter comercial de uma sociedade coletiva ou comanditária determina-se pela lei a que estiver submetido o contrato social, e, na sua falta, pela do lugar em que tiver o seu domicílio comercial.

Se essas leis não distinguirem entre sociedades comerciais e civis, aplicar-se-á o direito do país em que a questão for submetida a juízo.

Art. 248. O caráter mercantil duma sociedade anônima depende da lei do contrato social; na falta deste, da do lugar em que se efetuem as assembleias gerais de acionistas, e em sua falta da do em que normalmente resida o seu Conselho ou Junta diretiva.

Se essas leis não distinguirem entre sociedades comerciais e civis, terá um ou outro caráter, conforme esteja ou não inscrita no registro comercial do país onde a questão deva ser julgada. Em falta de registro mercantil, aplicar-se-á o direito local deste último país.

Art. 249. Tudo quanto se relacione com a constituição e maneira de funcionar das sociedades mercantis e com a responsabilidade dos seus órgãos está sujeito ao contrato social, e, eventualmente, à lei que o reja.

Art. 250. A emissão de ações e obrigações em um Estado contratante, as formas e garantias de publicidade e a responsabilidade dos gerentes de agências e sucursais, a respeito de terceiros, submetem-se à lei territorial.

Art. 251. São também territoriais as leis que subordinam a sociedade a um regime especial, em vista das suas operações.

Art. 252. As sociedades mercantis, devidamente constituídas em um Estado contratante, gozarão da mesma personalidade jurídica nos demais, salvas as limitações do direito territorial.

Art. 253. São territoriais as disposições que se referem à criação, funcionamento e privilégios dos bancos de emissão e desconto, companhias de armazéns gerais de depósitos, e outras análogas.

Capítulo II – Da Comissão Mercantil

Art. 254. São de ordem pública internacional as prescrições relativas à forma da venda urgente pelo comissário, para salvar, na medida do possível, o valor das coisas em que a comissão consista.

Art. 255. As obrigações do preposto estão sujeitas à lei do domicílio mercantil do mandante.

Capítulo III – Do Depósito e Empréstimo Mercantis

Art. 256. As responsabilidades não civis do depositário, regem-se pela lei do lugar do deposito.

Art. 257. A taxa legal e a liberdade dos juros mercantis são de ordem pública internacional.

Art. 258. São territoriais as disposições referentes ao empréstimo com garantia de títulos cotizáveis, negociado em bolsa, com intervenção de agente competente ou funcionário oficial.

Capítulo IV – Do Transporte Terrestre

Art. 259. Nos casos de transporte internacional, ha somente um contrato, regido pela lei que lhe corresponda, segundo a sua natureza.

Art. 260. Os prazos e formalidades para o exercício de ações surgidas desse contrato, e não previstas no mesmo, regem-se pela lei do lugar em que se produzam os fatos que as originem.

Capítulo V – Dos Contratos de Seguro

Art. 261. O contrato de seguro contra incêndios rege-se pela lei do lugar onde, ao ser efetuado, se ache a coisa segurada.

Art. 262. Os demais contratos de seguros seguem a regra geral, regulando-se pela lei pessoal comum das partes ou, na sua falta, pela do lugar da celebração; mas, as formalidades externas para comprovação de fatos ou omissões, necessárias ao exercício ou conservação de ações ou direitos, ficam sujeitas à lei do lugar em que se produzir o fato ou omissão que as originar.

Capítulo VI – Do Contrato e Letra de Câmbio e Efeitos Mercantis Análogos

Art. 263. A forma do saque, endosso, fiança, intervenção, aceite e protesto de uma letra de cambio submete-se à lei do lugar em que cada um dos ditos atos se realizar.

Art. 264. Na falta de convênio expresso ou tácito, as relações jurídicas entre o sacador e o tomador serão reguladas pela lei do lugar em que a letra se saca.
Art. 265. Em igual caso, as obrigações e direitos entre o aceitante e o portador regulam-se pela lei do lugar em que se tiver efetuado o aceite.
Art. 266. Na mesma hipótese, os efeitos jurídicos que o endosso produz, entre o endossante e o endossado, dependem da lei do lugar em que a letra for endossada.
Art. 267. A maior ou menor extensão das obrigações de cada endossante não altera os direitos e deveres originários do sacador e do tomador.
Art. 268. O aval, nas mesmas condições, é regulado pela lei do lugar em que se presta.
Art. 269. Os efeitos jurídicos da aceitação por intervenção regulam-se, em falta de convenção, pela lei do lugar em que o terceiro intervier.
Art. 270. Os prazos e formalidades para o aceite, pagamento e protesto submetem-se à lei local.
Art. 271. As regras deste Capítulo são aplicáveis às notas promissórias, vales e cheques.

Capítulo VII – Da Falsificação, Roubo, Furto ou Extravio de Documentos de Crédito e Títulos ao Portador

Art. 272. As disposições relativas à falsificação, roubo, furto ou extravio de documentos de credito e títulos ao portador são de ordem pública internacional.
Art. 273. A adoção das medidas que estabeleça a lei do lugar em que o ato se produz não dispensa os interessados de tomar quaisquer outras determinadas pela lei do lugar em que esses documentos e efeitos tenham cotação e pela do lugar do seu pagamento.

TÍTULO TERCEIRO – DO COMÉRCIO MARÍTIMO E AÉREO

Capítulo I – Dos Navios e Aeronaves

Art. 274. A nacionalidade dos navios prova-se pela patente de navegação e a certidão do registro, e tem a bandeira como sinal distintivo aparente.
Art. 275. A lei do pavilhão regula as formas de publicidade requeridas para a transmissão da propriedade de um navio.
Art. 276. À lei da situação deve submeter-se a faculdade de embargar e vender judicialmente um navio, esteja ou não carregado e despachado.
Art. 277. Regulam-se pela lei do pavilhão os direitos dos credores, depois da venda do navio, e a extinção dos mesmos.
Art. 278. A hipoteca marítima e os privilégios e garantias de caráter real, constituídos de acordo com a lei do pavilhão, têm efeitos extraterritoriais, até nos países cuja legislação não conheça ou não regule essa hipoteca ou esses privilégios.

Art. 279. Sujeitam-se também à lei do pavilhão os poderes e obrigações do capitão e a responsabilidade dos proprietários e armadores pelos seus atos.
Art. 280. O reconhecimento do navio, o pedido de prático e a polícia sanitária dependem da lei territorial.
Art. 281. As obrigações dos oficiais e gente do mar e a ordem interna do navio subordinam-se à lei do pavilhão.
Art. 282. As precedentes disposições deste Capítulo aplicam-se também às aeronaves.
Art. 283. São de ordem pública internacional as regras sobre a nacionalidade dos proprietários de navios e aeronaves e dos armadores, assim como dos oficiais e da tripulação.
Art. 284. Também são de ordem pública internacional as disposições sobre nacionalidade de navios e aeronaves para o comércio fluvial, lacustre e de cabotagem e entre determinados lugares do território dos Estados contratantes, assim como para a pesca e outras indústrias submarinas no mar territorial.

Capítulo II – Dos Contratos Especiais de Comércio Marítimo e Aéreo

Art. 285. O fretamento, caso não seja um contrato de adesão, reger-se-á pela lei do lugar de saída das mercadorias.
Os atos de execução do contrato ajustar-se-ão à lei do lugar em que se efetuarem.
Art. 286. As faculdades do capitão para o empréstimo de risco marítimo determinam-se pela lei do pavilhão.
Art. 287. O contrato de empréstimo de risco marítimo, salvo convenção em contrário, subordina-se à lei do lugar em que o empréstimo se efetue.
Art. 288. Para determinar se a avaria é simples ou grossa e a proporção em que devem contribuir para a suportar o navio e a carga, aplica-se a lei do pavilhão.
Art. 289. O abalroamento fortuito, em águas territoriais ou no espaço aéreo nacional, submete-se à lei do pavilhão, se este for comum.
Art. 290. No mesmo caso, se os pavilhões diferem, aplica-se a lei do lugar.
Art. 291. Aplica-se essa mesma lei local a todo caso de abalroamento culpável, em águas territoriais ou no espaço aéreo nacional.
Art. 292. A lei do pavilhão aplicar-se-á nos casos de abalroamento fortuito ou culpável, em alto mar ou no livre espaço, se os navios ou aeronaves tiverem o mesmo pavilhão.
Art. 293. Em caso contrário, regular-se-á pelo pavilhão do navio ou aeronave abalroado, se o abalroamento for culpável.
Art. 294. Nos casos de abalroamento fortuito, no alto mar ou no espaço aéreo livre, entre navios ou aeronaves de diferentes pavilhões, cada um suportará a metade da soma total do dano, dividido segundo a lei de um deles, e a metade restante dividida segundo a lei do outro.

BIBLIOGRAFIA

BASSO, Maristela. *Contratos Internacionais do Comércio*. Porto Alegre: Livraria do Advogado, 1998.

BASTOS, Celso Ribeiro e KISS, Eduardo Amaral Gurgel. *Contratos Internacionais*. São Paulo: Saraiva, 1990.

BLUM, Renato Opice; BRUNO Marcos Gomes; ABRUSIO, Juliana Canha (Orgs.). *Manual de Direito Eletrônico e Internet*. São Paulo: Lex, 2006.

CABRÉ, Maria Teresa. "La terminologia: representación y comunicación: elementos para una teoría de base comunicativa y otros artículos". Barcelona: Institut Universitari de Linguística Aplicada, 1999.

DINIZ, Maria Helena. *Direito Civil Brasileiro*. São Paulo: Saraiva, 2002.

──────. *Tratado Teórico e Prático dos Contratos*. São Paulo: Saraiva, 2003.

DUTRA, Waltensir. "Processos e técnicas de tradução". In: PORTINHO, Walkiria Marchiori (Org.). *A Tradução Técnica e seus Problemas*. São Paulo: Álamo, 1993.

FONSECA, Arnoldo Medeiros da. *Caso Fortuito e Teoria da Imprevisão*. 2ª ed., Rio de Janeiro: Imprensa Nacional, 1943.

GOMES, Orlando. *Contratos*. Rio de Janeiro: Forense, 1999.

GOYÓS JÚNIOR, Durval de Noronha. *Noronha Dicionário Jurídico: Inglês-Português, Português-Inglês*. 2ª ed. São Paulo: Observador Legal, 2006.

GUERREIRO, José Alexandre Tavares. *Fundamentos da Arbitragem no Comércio Internacional*. São Paulo: Saraiva, 1993.

LEIRIA, Jerônimo Souto, Gerenciamento de Contratos. Como contratar e gerenciar bens e serviços – 2ª ed. Porto Alegre: CLT, 1993.

LOUREIRO, Luiz Guilherme. *Contratos no Novo Código Civil*. São Paulo: Método, 2005.

RIZZARDO, Arnaldo. *Contratos*. Rio de Janeiro: Forense, 2004.

STRENGER, Irineu. *Contratos Internacionais do Comércio*. São Paulo: Revista dos tribunais, 1992.

TRAVAGLIA, Luiz Carlos. "Gêneros de texto definidos por atos de fala". *In* ZANDWAIS, Ana (Org.). *Relações entre Pragmática e Enunciação*. Porto Alegre: Sagra Luzzato, 2002.

VENTURA, Luis Henrique. *Noções Básicas de Contratos*. Uberlândia: Algar, 1996.

—————. *Comércio e Contratos Eletrônicos – Aspectos Jurídicos*. São Paulo: Edipro, 2001.

—————. *Contratos Internacionais Empresariais – Teoria e Prática*. Belo Horizonte: Del Rey, 2002.

—————. *Lei de Introdução ao Código Civil em Perguntas e Respostas*. Belo Horizonte: Del Rey, 2001.

WRIGHT, Benjamin e WINN, Jane Kaufman. *The Law of Electronic Commerce*. New York: Aspen Law & Businness, 1999.

GRÁFICA PAYM
Tel. (011) 4392-3344
paym@terra.com.br